Leonard Cohen

SO LONG

Ein Leben in Gesprächen

Herausgegeben von
Cornelia Künne und Daniel Kampa

Aus dem Französischen und Englischen von
Thomas Bodmer und Cornelius Reiber

Kampa

Für den Blick hinter die Verlagskulissen:
www.kampaverlag.ch/newsletter

www.kampaverlag.ch
Satz: Tristan Walkhoefer, Leipzig
Gesetzt aus der Stempel Garamond / 200130
Druck und Bindung: GGP Media GmbH, Pößneck
Auch als E-Book erhältlich
ISBN 978 3 311 14021 4

INHALT

WIR BRAUCHEN SONGS, WIR HABEN SIE NÖTIG

Im Gespräch mit Christian Fevret, 1988

Der Titelsong Ihres Albums *I'm Your Man* [1988] zeichnet das Porträt eines Chamäleonmannes, der um der Liebe einer Frau willen zu allem bereit ist. Das ist das Gegenteil des Bildes, das man von Ihnen hat.

Stimmt. Die Aussage dieses Songs ist etwas Neues für mich, ebenso wie die Musik. Sie hat etwas Komisches, denn diesem Mann ist praktisch jedes Mittel recht, um diese Frau zu kriegen.

Und hat das etwas mit Ihnen zu tun?

Ja, das bin ich. Doch es ist gefährlich, sich total mit einem Song zu identifizieren, denn ein Song stellt eine bestimmte Wahrheit zu einem bestimmten Zeitpunkt dar. Es wäre gefährlich, ihn als Parole zu verstehen. Ich bleibe den Notwendigkeiten der Phantasie treu. Das ist die einzige Art Treue, die für einen Schriftsteller von Belang ist. Aber es stimmt, dass es in meinem Leben Dinge gegeben hat, die mich zu dem gemacht haben, der ich heute bin. Ab und zu gerät man in Situationen, in denen alles auf den Kopf gestellt wird. Während der Arbeit an diesem Album war ich in einer solchen Situation, und ich glaube, das spiegeln die Songs wider.

War das eine Phase des Zweifels?

Zweifel und Glaube – man bewegt sich ständig zwischen den beiden. Je größer der Glaube, desto größer der Zweifel, das kennt man ja. Was das Ziel ist, weiß ich nicht, denn noch bin ich nicht gestorben. Mal ist man sich selbst gegenüber etwas nachsichtiger, mal steckt man tief in der Scheiße.

Diese Dialektik von Zweifel und Glaube ist für Künstler sehr fruchtbar.

Ich habe für mein Leben nie eine Lösung gefunden. Ich fühle mich so wie mit fünfzehn Jahren. Der Kontext ist ein anderer, aber im Grunde hat sich nichts verändert. Ich bin kein Soziologe, kein Philosoph, ich habe keine Ahnung von dem, was um mich herum geschieht. Ich versuche, meinen Geliebten, meinen Freunden, meiner Familie und den Leuten, mit denen ich zusammenarbeite, gegenüber großzügig zu sein, aber ich komme mir noch vor wie mit fünfzehn.

Das heißt, Sie haben die gleichen Ängste, die gleichen Zweifel wie in Ihrer Jugend?

Etwas ist anders: Man hat einen anderen Blickwinkel durch seine Erfahrungen und eine gewisse Kraft, weil man von der Erde angenommen wurde. Das meine ich jetzt keineswegs mit Blick auf meinen Beruf, sondern in dem Sinn, dass wir da sein müssen, dass es kein Fehler ist, dass wir da sind. Insofern hat es eine Entwicklung gegeben. Doch das Übrige, die Ängste, die Zweifel, die bestehen weiterhin, manchmal werden sie sogar noch stärker. Der berufliche Erfolg ist etwas Ungreifbares. Ich freue mich, dass ich in aller Welt ein Publikum habe, auch wenn es nicht sehr groß ist, aber komfortabel leben kann ich deswegen nicht.

Dennoch muss es irgendwie beruhigend sein.

Es ist in gewissem Maß beruhigend, manchmal macht es auf eine Art glücklich, es verschärft aber auch Probleme und Konflikte, es ist keineswegs eine Lösung für das Leben. Ich glaube, jeder zahlt einen hohen Preis für sein Leben, nichts ist gratis, alle müssen zahlen, alle müssen für ihr Leben das Maximum bezahlen. Ich glaube, verglichen mit dem, was andere ertragen müssen, ist mein Maximum eher bescheiden. Aber für mich ist es das Maximum.

Halten Sie sich für einen Egoisten?

Ich glaube, in jedem Menschen steckt ungefähr gleich viel Egoismus. Es gibt immer ein großes Bedürfnis, zu dominieren, das ist klar, aber manche Leute sind raffinierter, ihnen ist es gelungen, den Ehrgeiz zu zügeln, diesen heftigen Ehrgeiz, den alle haben. Ich beispielsweise habe gelernt, so zu tun, als würde ich nicht vom Begehren verzehrt. Es gibt aber auch Leute wie meinen Freund [den Musikproduzenten] Phil Spector, die Wert darauf legen, diesen Egoismus nicht zu unterdrücken, sondern ihm freien Lauf zu lassen, ihn zu glorifizieren, und in mancher Hinsicht hat das etwas Großartiges. Es hat etwas Großartiges, wenn jemand sich nicht dagegen wehrt, seinen Egoismus auszuleben.

Es gibt in Ihren Songs eine Art Egozentrik ...

In den Songs oder der Kunst, wenn ich dieses Wort verwenden darf (ich weiß wirklich nicht, ob das, was ich mache, Kunst ist), versucht man, ein inneres Gleichgewicht zu finden. Man kann etwas schaffen, das auf anmutige Weise in der Welt ist, weder nach Ego noch nach Geilheit riecht, sondern nach etwas anderem, was anerkannt ist und von der Phantasie nicht sterilisiert, aber gewaschen wird und deshalb nicht stinkt. Einzig wenn man schöpferisch ist, kann man etwas schaffen, das ein Gleichgewicht hat, eine Anmut, einen Sinn. Wir, wir haben keinen Lebenssinn. Wir sind einfach da, das ist alles. Für sich einen Lebenssinn zu suchen, ist lächerlich.

Chris Isaak sagt, das Ego von Künstlern sei grenzenlos groß ...

Damit will er doch nur sagen, dass sein Ego größer ist als das Ego anderer! Die meisten Künstler – ich spreche nicht von großen Künstlern – befinden sich in einer Art Kindergarten, sie haben keine Ahnung davon, was auf der Welt geschieht. Ein Soldat, ein Polizist, ein Advokat oder ein Geschäftsmann weiß darüber viel besser Bescheid als ein Künstler. Künstler sind die Letzten, die wüssten, was hier geschieht. Die Dichter sind keineswegs erfahrungsgesättigt, nur wenige dringen wirklich ins Innerste vor und wollen genau sehen, was dort stattfindet. Das wäre ihre Aufgabe, aber nur die wenigsten stellen sich ihr. Große Dichter sind sehr selten, nur wenige haben Erhellendes zu sagen. Viele beklagen sich, leiden, reden über verlorene Liebe, gefundene Liebe ... Bei den meisten Sängern ist von echter Erfahrung nichts zu hören. Nur einmal in zehn Jahren gibt es jemanden wie Édith Piaf. Ihrer Stimme hört man die Erfahrung an, es geht bei ihrem Gesang nicht nur um musikalische Fähigkeiten und technisches Können, sondern ihre Stimme spricht aus tiefer Erfahrung. Etwas Ähnliches gibt es auch in der Stimme von Ray Charles. Aber das ist ganz selten.

Was haben alle anderen dann beizutragen?

Dass sie überhaupt arbeiten. Wir brauchen Songs, wir haben sie nötig. Das sage ich nicht, um die Bedeutung der Künstler herunterzuspielen, um ihren Beitrag zu schmälern, aber es muss einfach gesagt sein, dass wir Songs brauchen, Fernsehsendungen, Zigaretten, Plattenfirmen … Das ist unsere Welt, man braucht alle möglichen Beiträge, und jeder ist wichtig. Es gibt viele Songs und Sänger, die ich mag, die ich liebend gern höre beim Geschirrspülen, beim Sex, wenn ich in eine andere Stimmung kommen möchte. Ab und zu möchte ich eine Zigarette rauchen, einen Kaffee trinken – all das ist notwendig. Aber für wirklich Hervorragendes braucht man gewisse Kriterien … Das heißt, nein, die braucht man nicht, denn wenn etwas wirklich hervorragend ist, dann ist das offensichtlich. Wir anderen, wir leisten unsere Beiträge, so gut wir können, aber wir müssen uns immer vor Augen halten, wo wir stehen und was wir sind: Wir machen Songs, wir geben ein bisschen was … Ich bin wirklich der Meinung, dass Künstler Kinder sind, verglichen mit den Männern und Frauen dieser Welt.

Weil sie Kinder sind, sind Künstler vielleicht auch dermaßen mit sich selbst beschäftigt.

Das stimmt. Aber wenn man für die Kunst arbeitet mit ihren Regeln und den Regeln des Marktes, dann ist das nicht der ideale Rahmen, um sein Ego zu projizieren. Künstler kennen sich mit ihrem Ego bestimmt aus, aber um diese Arbeit machen zu können, muss man die Grenzen wahren. Außerdem gibt es in der Arbeit eine Art von Disziplin, von Frustration, die das Ich verfeinert. Es ist also vielmehr so: Die wirklich großen Künstler finden zu einer großen Bescheidenheit … Ich rede dabei nicht von mir, sondern von Künstlern, die etwas gefunden haben, denen es gelungen ist, etwas zum Ausdruck zu bringen. Aus ihren Werken spüre ich Bescheidenheit, Disziplin, klare Linien.

Sie unterscheiden zwischen hervorragenden und weniger bedeutenden Künstlern. Wie schätzen Sie Ihr eigenes Werk ein?

Wenn ich Zeit dafür habe (was sehr selten ist), stelle ich mir solche Fragen, und dann fällt mein Urteil in der Regel sehr streng aus. Ab und zu geschieht etwas Unerwartetes, und dann verbessert sich mein Platz auf der Stufenleiter, doch das geschieht sehr selten! In den Interviews, die ich alle zwei, drei Jahre gebe, bin ich gezwungen, mir Fragen zu stellen. Doch die meiste Zeit stehe ich an der vordersten Front jenes Kampfes, den mein Leben darstellt, dann habe ich keine Zeit, mich zu fragen, warum ich da bin, ob ich schön bin, der Schönste oder der am wenigsten Schöne – ich bin einfach da, und ich habe Dinge zu tun.

Sie sind ein Mann, der ungeheuer viele Zweifel hat, strahlen aber Weisheit aus.

Ich kenne eine gewisse Gelassenheit … Es gibt eine gewisse Gelassenheit, eine Stille, die Fischer oder Jäger kennen und die nicht die eines Philosophen ist: Sie sind da, sie müssen etwas erwischen, sie müssen aufmerksam sein und aufpassen, da das Terrain gefährlich ist. Passen sie nicht auf, können sie jederzeit umkommen. Man muss ständig auf der Hut sein. Und dieser Zustand lässt einem nicht viel Zeit, um über diesen Zustand nachzudenken. Denn die Gefahr ist realer Natur, nicht intellektueller. Inmitten all dieser Gefahren lebhaft und aufmerksam zu bleiben, dieses Problem haben wir alle. Gelassenheit ist kein Zustand, sondern hat mit Spannung zu tun: Sie ist das Hinnehmen einer Spannung zwischen zwei Dingen, zwischen Handeln und Kontemplation, zwischen zwei Polen. Akzeptiert man die beiden Pole, dann findet man zu einer gewissen Gelassenheit, aber diese ist nichts Statisches.

Was halten Sie von Ihrem Publikum? Sieht man Jean-Luc Godard in den Medien, hat man den Eindruck, er richte sich nur an seinesgleichen.

Godard ist ein sehr großer Filmemacher, auch wenn er mich doch nicht für die Rolle genommen hat, die er mir angeboten hatte. Er hatte mich angerufen und gebeten, etwas auszuprobieren, das war, glaube ich, vor zwei, drei Jahren.

Für *Détective* [1985]?

Ja, genau ... Er hat dann Johnny Hallyday genommen. Aber ich weiß nicht mehr genau, ob es um diese Rolle ging oder darum, Musik für den Film zu schreiben, es war nicht ganz klar. Er sagte, er würde mich wieder anrufen, um ein Treffen auszumachen, und ich habe nie wieder etwas von ihm gehört ... Trotzdem: Er ist ein sehr großer Filmemacher. Sein Platz in der Geschichte des Kinos ist gesichert. Was er jenseits seiner Filme sagt, hat keinerlei Wert, es mag stimmen oder auch nicht, darüber kann man diskutieren. Seine politischen Ideen kommen mir sehr primitiv vor, diese linke Position, die er vertritt, ist meiner Ansicht nach vollkommen veraltet ... Aber das hat mit seinem Werk nichts zu tun. Er kann sagen, was er will, man interessiert sich dafür, weil er Jean-Luc Godard ist. Doch was ihn ausmacht, sind seine Filme, die über seine politischen Ideen hinausweisen. Auch in meinem Fall ist das, was ich über Songs und Sänger sage, nichts. Ich kann in meinen Songs Dinge sagen, die ich im Gespräch nicht ausdrücken kann, deshalb schreibe ich Songs. Doch im Gegensatz zu Godard habe ich das Gefühl, dass die anderen Leute genau so sind wie ich, dass im Grunde ihres Herzens alle gleich sind. Wir haben den gleichen Hunger, gleiche Bedürfnisse, das Bedürfnis nach Liebe, nach Sicherheit, eigentlich sind wir alle dreijährige Kinder.

Aber Sie haben eine ganz spezielle Art, diese Dinge auszuleben.

Es ist mir gelungen, Dinge zu tun, die mehr oder weniger authentisch sind, es ist mir gelungen, da und dort jemanden zu berühren, wenn auch nicht im selben Maß wie die populären Sänger. Ich bin als Sänger nicht wirklich populär, die Größe meines Publikums ist eher bescheiden, dafür ist es über die ganze Welt verstreut.

Viele junge Gruppen wie Echo & the Bunnymen oder die Sisters of Mercy beziehen sich auf Sie. Haben Sie einige von ihnen kennengelernt?

Ja, ich habe viele junge Musiker und Sänger kennengelernt, und es freut mich sehr, dass ich etwas geschaffen habe, das sie schätzen, Leute kennenzulernen, die sagen, ich hätte sie geprägt, oder denen das, was ich gemacht habe, Freude macht. Das ist nicht sonderlich tiefschürfend, aber es ist so. Ian McCulloch [der Leader von Echo & the Bunnymen] ist auf meiner letzten Tournee sogar ein Stück weit mitgereist, in England und in Irland. Ich habe auch You've Got Foetus on Your Breath [den australischen Musiker JG Thirlwell] kennengelernt, ein wunderbarer Mann, er hat diesen wunderbaren Song »Gums Bleed« geschrieben ... und dann auch Nick Cave und Suzanne Vega ...

Aber auch wenn das anerkannte Musikerinnen und Musiker sind: Im Musikbusiness sind sie Outsider.

Auch ich bin eher eine Randfigur, wie meine Verkaufszahlen zeigen. Ich kann nachvollziehen, was es bedeutet, ein Outsider zu sein. Andererseits bin ich überzeugt, dass im Showbusiness sich so ziemlich alle als Outsider empfinden: Tony Bennett, Liz Taylor, Frank Sinatra, Bruce Springsteen und ganz besonders Bob Dylan: Sie alle wollen Outsider sein!

Es gibt im Moment diese zynische Einstellung, dass alles egal sei. Was halten Sie davon?

Um in der heutigen Zeit zu überleben, muss man zynisch, hart und gleichgültig sein. Nun könnte man sagen, das sind wertlose Eigenschaften, aber sie ermöglichen das Überleben: Wer zynisch, hart und gleichgültig ist, der bringt es zu etwas. Nach einiger Zeit werden diese Eigenschaften obsolet und neue Eigenschaften gefragt sein. Die heißen dann vielleicht Integrität und Aufrichtigkeit, und in diesem Fall werden sich Künstler, die über diese Eigenschaften verfügen, auf dem Markt durchsetzen. Vielleicht vermag der Zynismus sich aber auch zu halten.

Hat die Literatur Sie zum Schreiben gebracht?

Gewisse Bücher. Ich lese nicht viel. Zurzeit lese ich alle Bücher von Robertson Davies, einem kanadischen Autor, gegen den ich mich lange Zeit gesträubt habe.

Gibt es Autoren oder Personen, die von entscheidendem Einfluss auf Sie waren?

Ich glaube, für mich waren das Kino und Bücher entscheidend, die Natur und der Mond. Der Mond beeindruckt und erstaunt mich nach wie vor. Und dass wir dieses Leben mit den Frauen teilen, auch das ist für mich etwas Erstaunliches.

Bis heute?

O ja, mehr denn je! Ich staune, dass es zwei Sorten von Menschen gibt. Männer und Frauen. Das bringt allerlei Überraschungen und Gefahren mit sich. Doch zurück zum Thema: Beeinflusst haben mich manche Gebete aus der senegalesischen Liturgie, manche Melodien, manche Verse. Eine einzige Strophe kann mich verändern. So kann ich mich erinnern, dass ich mit fünfzehn oder sechzehn Jahren Federico García Lorca las, und da haben zwei Sätze einen gewaltigen Einfluss auf meinen Stil gehabt, meine Sicht der Dinge von Grund auf verändert, und das waren vielleicht zehn Wörter … Es gibt Leute, die ich bewundert habe, und ich bewundere mehr und mehr Leute, die etwas zustande gebracht haben. Es ist dermaßen schwierig, weiterzumachen, das weiß ich mittlerweile. Ich bewundere die, die weitermachen, aber auch die, die mal was gemacht und dann aufgehört haben.

Haben Sie das Gefühl, sich manchmal geirrt zu haben?

Nein, nicht wirklich geirrt. Zu Anfang habe ich an eine gewisse Tradition angeknüpft, und die habe ich irgendwann aufgegeben. Aber ich glaube nicht, dass das ein Fehler war. Aber es stimmt schon: Man kann sich in eine bestimmte Tradition einreihen und stellt fest, dass man in die falsche Richtung gegangen ist. Dann muss man sich andere Kameraden suchen. Das ist ein bisschen wie mit Robertson Davies: Ich habe mich geweigert, ihn zu lesen, weil ich geglaubt habe, er sei veraltet, gehöre nicht wirklich in unsere Zeit … Ich glaube, solcher Vorurteile wegen habe ich viel verpasst.

Wir haben über Godard gesprochen und seine politischen Ansichten. Man hat den Eindruck, solche Dinge sind Ihnen egal.

»Egal« trifft die Sache nicht. Es hat mit Verwirrung zu tun. Es ist nicht so, dass ich mir vorgenommen hätte, gleichgültig zu sein: Ich verfolge das, was passiert, wie einen Fortsetzungsroman, aber ich verstehe es nicht, ich kann es nicht durchdringen.

I'm Your Man **ist eine Art Bilanz, eher negativ und pessimistisch …**

Ich selbst entdecke in diesem Album eine gewisse Autorität, eine geistige Stärke, von der ich nicht wusste, dass ich sie hatte, denn ich war mir meiner selbst nicht sicher, als ich diese Platte aufnahm. Doch die Songs kommen mir so abgerundet vor: Sie haben einen Anfang, einen Mittelteil, ein Ende, es gibt einen Leitgedanken, eine Großzügigkeit … Ich rede ungern in solchen Begriffen über mein Werk, aber es kommt mir substanziell, männlich und erwachsen vor.

Wenn Sie in »First We Take Manhattan« sagen »I used to live for music« [»Einst habe ich für die Musik gelebt«], kann man das wörtlich nehmen?

Ich glaube, das bin ich … Ich möchte nicht vor meiner Bitterkeit zurückschrecken. Ja, ich bin verbittert, manche Dinge haben mich schwer enttäuscht, mich verändert. Aber ich muss nicht so tun, als wäre ich nicht verbittert.

Wenn man von dem Album einen Song auswählen müsste ...

Ich mag »Tower of Song«, das ist meine Geschichte. Und der letzte Satz ist wirklich sehr egozentrisch: »You'll be hearing from me baby, long after I'm gone.« [»Du wirst von mir noch hören, Baby, lang nachdem ich gestorben bin.«] Aber manchmal glaubt man selbst an solche Dinge.

In diesem Song machen Sie sich über Ihre »goldene Stimme« lustig. Wann haben Sie eigentlich gemerkt, dass Sie eine besondere Begabung haben?

Ich habe eine Begabung, aber die besteht eben darin, ohne goldene Stimme auszukommen. Ich weiß genau, dass ich meist falsch singe; aber trotzdem als Sänger weiterzumachen, das macht mir große Freude.

Aus dem Französischen von Thomas Bodmer

ICH HABE MICH NIE SONDERLICH FÜR MICH SELBST INTERESSIERT

Im Gespräch mit Christian Fevret, 1991

Was ist die Erklärung dafür, dass Sie an manchen Songs jahrelang arbeiten?

Wahrscheinlich, dass etwas nicht klappt! Wenn ich schreibe, herrscht in meinem Kopf ein Riesendurcheinander, strampelt sich mein Geist am Grund eines tiefen Brunnens ab und sucht nach etwas, das dem Song erlaubt zu existieren. Das scheint schwierig zu sein. Dabei sind die meisten gelungenen Dinge einfach. Ich habe aber nie eine einfache Methode gefunden, um etwas zu tun. Ich bin immer am Suchen. Dass es lange dauert, bedeutet nicht, dass die Sache weniger dringend wäre, sie drängt, und zwar jede Minute. Und deshalb ist diese Situation unerträglich.

Ist der Grund vielleicht ein Drang zur Perfektion?

Der Begriff Perfektion ist viel zu hoch, zu luxuriös für mich. Es geht da um etwas viel Elementareres, es geht ums Überleben. Um mein Überleben und um das meines Werks. Wie soll ich das hinkriegen? Wie finde ich einen gangbaren Weg, auf dem die Songs entstehen können?

Hat sich der Entstehungsprozess verändert, verglichen mit demjenigen der ersten Alben?

Auch das allererste Album [*Songs of Leonard Cohen*, 1967] war ein Unding. Mehrere Versuche schlugen fehl. Ich hatte mich dermaßen weit von meinen Songs entfernt, dass ich in New York eine Hypnotiseurin besuchte. Es war zum Verzweifeln, völlig verrückt ... Ich sagte ihr, ich wolle mich daran erinnern, worum es in diesen Songs geht: »Können Sie mich in eine tiefe Trance versetzen und mir befehlen, mich zu erinnern?« Sie hat es versucht, aber ich habe nur lachen müssen und bin dann gegangen.

Als Sie in den fünfziger und sechziger Jahren an Ihren Gedichten und Romanen gearbeitet haben, ging es da schneller?

Manchmal ging es sehr schnell, aber meinen ersten Roman *The Favourite Game* [1963] habe ich vier- oder fünfmal umgeschrieben. Als ich jung war, ergaben sich manche Gedichte sehr schnell, aber ich glaube, schon damals habe ich einen Großteil des Materials umgeschrieben, korrigiert, überdacht. Es ist mir egal, wenn es lange dauert und unangenehm ist, solange etwas Gutes dabei herauskommt. Ist ein Song fertig, dann fühle ich mich wohl. Ich beklage mich also nicht. Betrachte ich Songs wie »Hallelujah« oder »Dance Me to the End of Love« [beide *Various Positions*, 1984], dann weiß ich, was ich reingesteckt habe, dann habe ich das Gefühl, etwas erreicht zu haben, und das macht mir Freude. Ich weiß dann, dass ich die richtige Form gefunden habe.

Ist es für Sie beim Schreiben von Anfang an ums Überleben gegangen?

Es ist wie bei jeder echten Arbeit: Zuerst kommen die Flitterwochen, danach wird eine Ehe daraus. Die ersten

Liebesgedichte wie »With Annie gone / Whose eyes to compare / With the morning sun? / Not that I did compare / But I do compare / Now that she's gone« [»Nun, da Annie weg ist / Wessen Augen ließen sich mit der Morgensonne vergleichen? / Ich tat es nicht / Doch tu ich's jetzt / Da sie fort ist«] sind wohl ziemlich spontan entstanden. Betrachte ich in meinem ersten Buch diese Gedichte, die ich mit fünfzehn Jahren geschrieben habe, dann finde ich sie gut. Ich weiß nicht, warum ich einen anderen Weg eingeschlagen habe. Ich wäre ja so viel lieber einer dieser Sänger, die in wenigen Minuten einen Song raushauen können.

Sie stammen aus einer jüdischen Familie, die tiefgläubig ist und Traditionen hochhält. Haben Sie nicht einen völlig konträren Lebensstil?

Bevor meine Werke Anerkennung fanden, war meine Verwandtschaft etwas entsetzt darüber, dass ich Schriftsteller werden wollte. Doch mein Vater starb, als ich jung war, es gab also niemanden, der mir etwas hätte verbieten können. Es wurde allerlei Druck ausgeübt, um mich von der Schriftstellerei abzubringen, aber den habe ich ignoriert. Und meine Mutter hat wiederholt gesagt: »Folge deinem Instinkt.« Man tendierte also durchaus dazu, anzuerkennen, dass es ein Innenleben gibt.

Hatten Sie ein idealisiertes Bild von Ihren Vorfahren, Ihren Eltern?

Mir war klar, was meine Familie zu repräsentieren glaubte. Der Name »Cohen« geht auf das Hebräische »Kohen« zurück, und das bedeutet »Priester«. Ich hatte den Eindruck, dass die Mitglieder meiner Familie das ernst nahmen, dass sie glaubten, das Priestertum geerbt zu haben, einer Priesterkaste anzugehören. Sie waren sich ihrer Bestimmung und ihrer Verantwortung der Gemeinde gegenüber bewusst. Sie gründeten Synagogen, Krankenhäuser, Zeitungen. Ich hatte das Gefühl, auch mir ist meine Bestimmung auf der Welt vererbt worden. Ich nehme an, ohne diese etwas unsinnige Vorstellung von der eigenen Bedeutung hätte ich wohl nie einen Song wie »First We Take Manhattan« [*I'm Your Man*, 1988] geschrieben. Ich nehme an, das hat mit dieser Herkunft zu tun, dieser übersteigerten Selbsteinschätzung. Allerdings könnte die Ironie des Songs ein Hinweis darauf sein, dass ich das Krankhafte einer solchen Einstellung überwunden habe.

Ging mit diesem Gefühl der Bestimmung die Vorstellung einher, eine privilegierte Beziehung zu Gott zu haben?

Jenseits der Gebete war nie von Gott die Rede. Sehr ernst genommen wurden dagegen Familie, Treue, Ansehen, Loyalität gegenüber der Vergangenheit. Aber das war ja nichts Mystisches.

Wie kam Ihre Familie ursprünglich nach Kanada?

Das war ungefähr 1860. Die Familie meines Vaters stammte aus einer Region in Polen, die heute zu Litauen gehört. Meine Mutter kam in den zwanziger Jahren aus Litauen. Da war sie achtzehn oder neunzehn. Ihre Vorgeschichten waren also sehr verschieden, aber sie gehörten zur selben Gruppierung innerhalb des Judentums. Meine Mutter heiratete meinen Vater 1927. Von Litauen sprach sie nie. In ihrem Milieu legte man großen Wert darauf, Kanadier zu sein, und die Vergangenheit wurde deshalb zum Verschwinden gebracht. Nostalgie war verpönt. Meine Mutter sprach zwar mit einem leichten Akzent, aber ich hatte nie das Gefühl, dass sie darunter litt, dass ihr etwas abhandengekommen war, dass sie etwas aufgegeben hatte.

Welche Bilder sind Ihnen geblieben?

Erstaunlicherweise denke ich nie an meine Familie. Meine Mutter ist in meinem Herzen sehr präsent, besonders seit sie gestorben ist. Ich weiß sehr zu schätzen, dass ich durch meine Familie einer bestimmten Kultur und Denkweise ausgesetzt war, aber immer auf eine gemäßigte Weise. Es gab nichts von dem Fanatismus, den ich bei vielen vergleichbaren Familien bemerke. Ich habe nicht das Gefühl, dass es bedrückend war, das ich irgendetwas verpasst hätte. Es gab durchaus frische Luft. Ich mochte meine Verwandten. Sie waren redlich, ehrlich, freundlich, mir gefiel, wie sie ihre Geschäfte tätigten und ihr Leben führten. Ich rede aber nicht von Persönlichem, ihrer Beziehung zu ihren Frauen und ihren Kindern – die war genauso katastrophal wie in anderen Familien. Doch es waren ehrliche Leute. Sie erwiesen ihrer Welt alle Ehre.

Hat Ihre Mutter nie darüber gesprochen, warum sie nach Kanada ausgewandert ist, über Antisemitismus?

Selten. Natürlich hatte es Pogrome gegeben. Aber diese Geschichten habe ich nie als bedrohlich empfunden. Ich glaube, das Innenleben meiner Mutter war intensiver als ihr Leben als Zeitgenossin. Meine Eltern lebten gewissermaßen zurückgezogen von der Welt. Natürlich war das, was sie erlebt hatten, nicht spurlos an ihnen vorübergegangen, dass sie auswandern und den Ozean überqueren und allerlei Prüfungen überstehen mussten; danach kamen dann die Privilegien, der Komfort … Aber ich glaube wirklich, dass das Leben, das sie führten, nicht so sehr von der Zeitgeschichte geprägt, sondern ausgesprochen persönlich war.

Sehnten sie sich nach ihrer alten Heimat?

Das habe ich nie so empfunden. Sie waren sehr patriotisch: Mein Vater und sein Bruder kämpften im Ersten Weltkrieg, sie waren Offiziere, gehörten zur kanadischen Legion. Sie waren der Königin und dem British Empire treu, gleichzeitig aber auch sehr stolz auf ihre jüdische Tradition, und sie setzten sich für jüdische Institutionen in Kanada ein.

War Ihnen klar, wie komfortabel Sie lebten, waren Sie sich des Geldes und des Ansehens Ihrer Familie bewusst?

Wir gehörten nicht zu jenen bedeutenden Familien, die alles ihrem Reichtum verdanken. So viel Geld war da gar nicht, es gab keine äußeren Anzeichen von Reichtum. Ums Geschäft haben sie sich nie groß gekümmert. Sie empfanden sich vielmehr als Verkörperung dieses priesterlichen Geistes, nahmen eine gewisse aristokratische Haltung innerhalb dieser winzigen Gemeinde in Anspruch. Heute würde man sie wohl zum bürgerlichen Mittelstand zählen.

Haben Sie Geschwister?

Eine fünf Jahre ältere Schwester.

Welche Erinnerungen haben Sie an Ihren Vater?

Ich lebe heute bereits länger, als mein Vater gelebt hat. Er ist mit zweiundfünfzig gestorben. Ich hatte mit zweiundfünfzig praktisch von nichts eine Ahnung. In jungen Jahren verzeihen Männer einander nichts. Da wird heftig rivalisiert. Je älter man wird, desto eher vergibt man seinen Rivalen, seinen Kindern und allen anderen. Je näher man dem Ziel des Wettlaufs kommt, desto großzügiger wird man gegenüber den Konkurrenten. Mein Vater und ich stünden uns heute sehr nahe … Aber es wäre ihm schwergefallen, mich mit einer Gitarre in Montreal herumstromern zu sehen. Das war nicht das, was er für seinen Sohn vorgesehen hatte. Doch er war ein Gentleman.

Ich denke nicht oft an meine Kindheit zurück. Ich glaube nicht, dass sie eine legitime Erklärung für mein Leben ist. Ich glaube vielmehr, dass man, um zu überleben, neu geboren werden, die Kindheitserlebnisse, Ungerechtigkeiten, ja sogar die Privilegien hinter sich lassen muss. Man darf seine Vergangenheit nicht als Ausrede benutzen. Im Orient spricht man von »Erwachen«. Die Christen sprechen von »Wiedergeburt«. Doch egal, welche Metapher man vorzieht, es gibt meiner Meinung nach einen Punkt, an dem man sich, um zu überleben und seine Selbstachtung zu bewahren, auf etwas Neues einlassen muss, das man noch nicht ausprobiert hat. Wer sich weigert, sich mit neuen Gegebenheiten auseinanderzusetzen, und seine früheren Lebensumstände als Ausrede benutzt, der stirbt. Natürlich eignen wir uns im Lauf der Jahre Strategien und Techniken an, und es gibt keinen Grund, alles, was man sich angeeignet hat, über Bord zu werfen. Aber ich glaube auch, dass von einem bestimmten Punkt an die alten Strategien schlicht nicht mehr funktionieren und das Leben zusammenbricht. Dann tun sich neue Möglichkeiten auf.

Wie haben Sie auf den Tod Ihres Vaters reagiert?

Ich habe mich gefreut, dass sein Messer und sein Revolver in meinen Besitz übergingen, darauf war ich stolz. Ich hatte nicht das Gefühl eines tiefen Verlusts, vielleicht weil er fast meine gesamte Kindheit hindurch krank gewesen war, er war oft im Krankenhaus. Dass er sterben würde, kam mir selbstverständlich vor: Er war krank, und so starb er ... Vielleicht habe ich ein kaltes Herz. Heftig geweint habe ich, als mein Hund gestorben ist. Doch als mein Vater starb, hatte ich das Gefühl, das müsse einfach so sein. Dass ich gewissermaßen nichts damit zu tun hätte, es mich nichts anginge. Dass da eine höhere Macht im Spiel wäre, die die Fäden in der Hand hielt. Und mit dieser höheren Macht streitet man nicht. Ich will damit nicht behaupten, dass es ein schönes Erlebnis war, aber es erschien mir normal.

War er ein kulturell interessierter Mann?

Nicht im intellektuellen Sinne, aber in seinem Herzen. Ich glaube, er hat viel *Reader's Digest* gelesen. Das war kein nach europäischen Maßstäben gebildeter Haushalt, wo die Menschen Geige spielen und Ideen austauschen. Bei uns zu Hause gab es keine Diskussionen mit philosophischem oder spirituellem Hintergrund. Das war nicht nötig, da die Religion praktiziert wurde, man nach dem religiösen Kalender lebte. Das strukturierte unser Leben.

Der Rhythmus des Lebens wurde vom religiösen Kalender bestimmt?

Das war das Dekor, der Hintergrund. Jeden Freitagabend wurde Sabbat gefeiert. Dann mussten wir zu Hause sein, auch als wir älter wurden. Dann zündete man die Kerzen an, was ich heute noch tue. Man sprach die Gebete, am Samstagmorgen ging man in die Synagoge, am Sonntagmorgen in die Sonntagsschule und dreimal in der Woche in den Hebräischunterricht. Das lief parallel zum gewöhnlichen kanadischen Schulunterricht. Die Schule war wichtig und die Synagoge war wichtig, das waren die beiden entscheidenden Institutionen. Aber das Wort »Religion« wurde nie verwendet. Diese Leute hatten einfach ein bestimmtes Kalendarium übernommen, darin bewegten sie sich, es war ihr natürliches Element. Doch großes Aufheben wurde darum nicht gemacht. Man war nicht fanatisch. Alles war freundlich und gewöhnlich.

Haben die Bilder und die Sprache der Religion Sie angesprochen oder gar verführt?

Nein, ich hatte kein besonderes Verhältnis zur Religion. Nur beim Chorgesang lief mir ein Schauer über den Rücken. Doch von solchen Momenten abgesehen war es sehr langweilig. Sehr langweilig, in der Synagoge sitzen und in den Hebräischunterricht gehen zu müssen. Das Sakrale hat mich als Kind keineswegs mit besonderen Gefühlen erfüllt. Kein bisschen. Mir hatten es nicht einmal die Wörter oder die Sprache besonders angetan. Gut, es gab gewisse Momente, wenn die Melodie des Gottesdienstes besonders schön und sakral klang, dann hatte man ein Gefühl von Würde und Feierlichkeit. Nichts besonders Tiefgründiges, aber es kann schon sein, dass mich dann die Feierlichkeit der Gesänge, die Würde des Ganzen berührt hat. Später konnte ich dann spüren, dass da etwas sehr Schönes und Sakrales stattfand, denn diese Menschen kamen im Namen von etwas zusammen, das sich jenseits von Habsucht und Ehrgeiz befand. Ich war mir jedoch nicht bewusst, davon berührt zu sein.

Hat die Religion Ihnen dennoch Prinzipien vermittelt, die Sie bis heute bewahrt haben?

Anderen Menschen oder sich selbst im Namen von etwas Geheimnisvollem und Glorreichem zu begegnen, das bedeutet etwas. Dann versteht man, dass etwas Wichtiges geschieht. Doch was genau, darauf kann man den Finger nicht legen, das lässt sich nicht sagen. Liest man die fünf Bücher Mose, die Thora, darf man sie nicht mit dem Finger berühren, sondern man verwendet einen Zeigestab aus Metall, und man folgt den Zeilen mit dem ausgestreckten Finger dieser Metallhand. Man soll also nicht den Finger darauf legen, das gehört sich nicht. Wie Jesus sagte: »Wo sich zwei oder drei von euch versammeln in meinem Namen …« Egal, was das bedeuten mag, man versteht instinktiv, dass es da eine Harmonie gibt, die über unser gewöhnliches Einvernehmen hinausführt, die einen dazu einlädt, zur Ausbreitung dieser Harmonie beizutragen, die etwas umfassen kann, das wir nicht identifizieren können. Ich habe Lust auf solche Momente entwickelt und bin heute fähig, sie unter den verschiedensten Umständen aufzuspüren.

Was hat Ihre Mutter gemacht?

Sie hat sich sehr viel um meinen Vater gekümmert, weil es ihm schlecht ging. Meine Mutter war Krankenschwester. Im Krieg hat sie sich als Freiwillige für das Rote Kreuz gemeldet. Sie hatte eine großzügige, melancholische, sanfte Ausstrahlung. Sie sang viel, das tat sie liebend gern. In Montreal gingen wir oft ins Restaurant, da hat meine Mutter dann gesungen. Ich spielte ihr was Russisches vor, und sie sang dann russische Lieder.

Fühlten Sie sich zur Musik hingezogen?

Nicht besonders. Sie gehörte einfach zu meinem Umfeld, war nichts Besonderes. Wir sangen gern. Als meine Freunde und ich fünfzehn wurden, griff ich zur Gitarre, mein Freund zum Banjo. Das war unsere Abendunterhaltung. Wir machten es uns gemütlich, spielten und tranken. Oft gesellte sich meine Mutter dazu. Aber ich hatte nie das Gefühl, das sei meine Bestimmung, meine Karriere.

Wofür haben Sie sich damals begeistert?

Es war nicht angesagt, sich für irgendetwas zu begeistern. Am liebsten gingen wir ins Kino, lernten neue Songs oder gingen in die Sonntagsschule. Es herrschte Krieg, es gab keinen Kaugummi; wenn man also trotzdem Kaugummi oder Schokolade hatte, dann war das prima. Alles, was man mochte, hatte den gleichen Wert. Da gab es kein leidenschaftliches Interesse für Lyrik, Literatur oder Musik. Nie hätte meine Mutter mir etwas gesagt wie: »Der Gesang ist das Leben des Herzens. Pfleg also das Herz durch den Gesang.« Bei uns zu Hause wurde nichts dergleichen gesagt.

Wie sah denn Ihr Familienleben aus?

Ich kann mich nicht an so etwas wie einen heimischen Herd erinnern. Unser Heim war nur dazu da, dass jeder sein geheimes Privatleben führen konnte, und was draußen in der Welt geschah, hatte nichts zu tun mit dem geheimen Privatleben, das jeder von uns führte. Natürlich blieb das unausgesprochen, niemand hätte so etwas gesagt. Doch Europa, der Krieg, soziale Konflikte, die schwierige gesellschaftliche Lage – keine dieser wichtigen Realitäten schien uns zu berühren. Erst jetzt, da mir solche Fragen gestellt werden, traue ich mich, meine Kindheit so zu beschreiben. Es war eine konservative jüdische Familie, ohne Fanatismus, ohne Ideologie, ohne Dogmen, ein Leben, das aus nichts als häuslichen Gewohnheiten und dem Gefühl der Zugehörigkeit zu einer Gemeinde bestand. Davon abgesehen wurde keinerlei Druck auf die einzelnen Mitglieder ausgeübt. Ich kann mich nicht an Auflehnung oder Konflikte erinnern, weil es nichts gab, wogegen man sich hätte auflehnen können. Ich habe meine Familie nie verleugnen müssen, weil es gar nichts Festes gab. Dieses Gefühl habe ich bis heute: dass es nichts Festes gibt. Es drängt mich nicht, über diese Welt zu debattieren, Position zu beziehen. Und das lässt mir innerhalb des Rahmens, in den mich das vorliegende Material zwingt, eine große Freiheit.

Wie hat man Sie als Kind eingeschätzt?

Ich kann mich erinnern, den Bericht eines Betreuers aus einem der Ferienlager gelesen zu haben, in die ich als Kind geschickt wurde. Da stand, ich sei ein netter Junge und ein geborener Anführer.

Er erwähnte auch, dass Sie großen Wert auf Ihr Äußeres legten, Ihr soziales Bewusstsein, Ihre Intelligenz und Ihren Sinn für Humor.

Wie alt war ich da? Elf? Das habe ich nie gelesen. Ich habe meinen Biographen einfach einen Packen Papiere gegeben, die ich gefunden hatte. Mir ist das recht so. Ich kann mich jedenfalls nicht erinnern, mir all dieser Dinge bewusst gewesen zu sein, ich war immer der Überzeugung, dass ich ziemlich ahnungslos durchs Leben getappt bin.

Erwähnt wurde auch, dass Sie sich langweilten, am täglichen Leben ausgesprochen wenig Anteil nahmen.

Ist das so? Habe ich mich viel gelangweilt? *(Lacht.)* Mich überrascht, dass das so früh in meinem Leben so offensichtlich gewesen sein soll … Keine Ahnung, worauf die alles geachtet haben, aber es klingt zutreffend. Und ich hatte geglaubt, all diese Dinge verheimlichen zu können ... Ich kann mich nicht einmal daran erinnern, mich damals gelangweilt zu haben. Heute, im Rückblick, klingt das zutreffend, aber ich wusste nicht, dass die Anlagen dazu schon so früh vorhanden waren.

Haben Freunde Ihnen gegenüber solche Dinge nie erwähnt?

Nein, das ist wie mit Mundgeruch: Das sagen einem nicht einmal die besten Freunde.

Was haben Sie in diesen Ferienlagern am liebsten gemacht?

Ich glaube, mir hat alles gefallen ... Aber besonders wichtig waren mir Freundschaften, Gespräche, Kissenschlachten und später dann Mädchen. Ich nahm unsere täglichen Aktivitäten als etwas Gegebenes hin. Bestimmt hat mich dieses oder jenes genervt, dass man sich zum Essen hinsetzen musste, beispielsweise. Aber ich akzeptierte es, es gab keine Alternative. Innerhalb dieser Grenzen fand ich Dinge, die mich interessierten. Besonders gern mochte ich Baseball und alle Wassersportarten.

Wann begannen Sie, an Mädchen zu denken?

Mit elf. Das ist ein bisschen früh ... Also wohl eher mit vierzehn oder fünfzehn ... Aber es gibt eine Art menschlichen Lebens, die ich heute nicht mehr führe. Ich nehme an, ich war ein Mensch, bevor ich Songwriter wurde, aber ich kann mich nicht daran erinnern. Schon seit mehreren Jahren leide ich unter heftigem Gedächtnisverlust. Ich kann mich nicht daran erinnern, ich kann nichts darüber erzählen oder auch nicht darüber spekulieren, was in meiner Vergangenheit passiert ist. Allein der Ausdruck »meine Vergangenheit« kommt mir vollkommen fremd vor. Ich habe überhaupt nicht das Gefühl, eine Vergangenheit zu besitzen, es ist, als hätte es nie eine gegeben. Deswegen finde ich dieses Gespräch interessant und schwierig zugleich, denn ich muss so tun, als hätte ich damals ein Leben gehabt.

Haben Sie beschlossen, es verschwinden zu lassen?

Ich kann mich an keine Entscheidung erinnern. Es hat sich verflüchtigt, ganz allmählich, ohne dass ich etwas gemerkt hätte. Ich kann mich nicht an irgendwelche besonders heißen Winde erinnern, die das bewirkt hätten. Ich habe keinerlei Erinnerung an einen anderen Menschen, der damals gelebt hätte, morgens erwacht wäre, irgendwelche Ideen, Gefühle, Sehnsüchte, Enttäuschungen oder Strategien gehabt hätte … Als alter Romancier könnte ich dieses Individuum vermutlich schaffen, aber das wäre dann Fiktion. Und das ist auch Fiktion, denn während unseres Gesprächs hat sich die Wahrheit gezeigt: Warum finde ich das so schwierig und irreal wie einen Traum? Weil ich diese Figur erst schaffen muss, zu der ich keinerlei Beziehung habe. Sie ist aus meinem Leben verschwunden.

Wollen Sie damit sagen, dass die einzigen Bilder, die Ihnen geblieben sind, auf Dokumenten oder dem beruhen, was Leute aus Ihrer Umgebung erzählen?

Ja. Ich habe in Los Angeles einen alten Freund aus meiner Kindheit getroffen, der ein phantastisches Gedächtnis hat, um das ich ihn beneide. Er hat mir ganze Gespräche erzählt, Dinge, die wir gemeinsam unternommen haben. Ich saß während seiner Schilderungen da, glückselig. Er hat von

Dingen berichtet, die ich angeblich gesagt, Einstellungen, die ich gehabt habe. Mir ist nichts davon geblieben ... Das ist ausradiert.

Fühlten Sie sich hingezogen zur Außenwelt, der Straße und den Leuten auf der Straße?

Sehr. Sobald ich ins Stadtzentrum gelangen konnte, habe ich mich mitten in der Nacht aus dem Haus gestohlen, um durch die Stadt zu bummeln. Da gab es Cafés, Mädchen, Junkies, das Straßenleben und Restaurants. Von meinem Ersparten kaufte ich mir ein Käsesandwich, fütterte die Jukebox, ich beobachtete die Leute, versuchte, Mädchen kennenzulernen, aber das hat nie geklappt. Damals ... Ich war dreizehn, vierzehn. Ich tat, als ginge ich ins Bett, und stahl mich dann aus dem Haus, um in die Stadt zu gehen. In der Regel war ich allein. Ich hatte mehrere gute Freunde, darunter den späteren Bildhauer Morton Rosengarten. Wir gingen zusammen zur Schule. Er ist nach wie vor ein sehr guter Freund von mir. Abends waren wir in Montreal unterwegs, am Wasser oder in der Stadt. Einfach unterwegs sein und Musik hören, Musik aus Jukeboxes. Ich kannte das Programm aller Jukeboxes der Innenstadt.

Sie haben gesagt, Sie hätten Musik ohne besondere Leidenschaft gehört. Wann wurden denn die Jukeboxes für Sie interessant?

Natürlich mochten wir Musik. Aber es war keine Leidenschaft. Zuerst hörten wir Flamenco, und als wir genug Geld hatten, um Platten und Gitarren zu kaufen, lernten wir Folksongs. Mein Freund Rosengarten hat mir gesagt, ich sei verrückt gewesen: Ich hätte immer und immer wieder dieselben Lieder gespielt, Hunderte Male, bis die Leute

Reißaus genommen hätten. Ich fand das vollkommen normal. Ich hatte eine kleine Plastikflöte gekauft und brachte alle an den Rand des Wahnsinns mit meinen Versuchen, »Old Black Joe« zu spielen.

Und wann entwickelten Sie Ihr Interesse für Literatur oder Poesie?

Der erste Lyriker, den ich mochte, war Federico García Lorca. Da hat mich Lyrik zum ersten Mal berührt, abgesehen von einem Gedicht, das ein Kanadier im Ersten Weltkrieg geschrieben hatte. Ich habe mich also in García Lorcas Gedichte verliebt. Ich glaube, ich bin eher zufällig auf ihn gestoßen, als ich in einem Antiquariat gestöbert habe. Mir kam diese Welt sehr vertraut vor, die Sprache sehr zugänglich, ich fand, das sei die Daseinsberechtigung von Sprache. Das lebte. Es war wie in Mondlicht getauchter Folk. Es gefiel mir sehr. Deshalb war ich sehr froh, für mein Album *I'm Your Man* in »Take This Waltz« die Übersetzung eines seiner Gedichte aufnehmen zu können, als Hommage, das war mir sehr wichtig. Ich wollte etwas zurückgeben. Danach mochte ich Yeats. Eine Zeit lang hat Lyrik mich sehr interessiert. Meine Freunde erzählen mir, ich hätte ständig mit einer englischen Lyrikanthologie gespielt. Sie schlugen sie irgendwo auf, lasen mir eine Zeile vor, und ich musste dann den Rest des Gedichts vortragen. Ich hatte damals ein gutes Gedächtnis, aber nur dafür.

Haben diese Entdeckungen in Ihnen gleich das Bedürfnis geweckt, selbst zu schreiben?

Ich wollte auf diese Gedichte antworten. Jedes Gedicht, das einen berührt, ist eine Art Aufruf, der eine Antwort erfordert. Man kann darauf mit seiner eigenen Geschichte antworten. Romane hingegen ließen mich verstummen. Man lebt eine Weile mit einem Roman, man wird selbst zum Roman. Ich habe nie das Bedürfnis verspürt, auf einen Roman zu antworten. Doch die Destillation der Sprache in Gedichten fand eine Entsprechung in mir, meinem Geist, diese Schnelligkeit und Gewandtheit.

Mussten Sie diese Leidenschaft für sich behalten, oder konnten Sie sie mit anderen teilen?

Aus geteilten Interessen können tiefe Freundschaften entstehen, aber die eigentliche Beziehung zwischen einem selbst und dem, was man liebt, bleibt immer etwas Privates. Manchmal greife ich zum Buch eines Lieblingsdichters, dann stoße ich einen Seufzer der Befriedigung aus, weil ich in Gesellschaft von jemandem bin, den ich liebe und in dessen Gesellschaft ich mich entspannen kann. Das sind sehr angenehme, bereichernde Beziehungen.

War Ihre Beziehung zur Lyrik ganz anders geartet als Ihre Beziehung zur Musik?

Nein, das war das Gleiche, wie Édith Piaf zu hören oder Ray Charles, die habe ich auch immer und immer wieder gehört.

Sie hatten eine große Leidenschaft für Ray Charles – für den Menschen oder seine Songs?

Yeats sagt: »Wie soll man den Tänzer vom Tanze unterscheiden?« oder so ähnlich. Dieser Mann sang aus tiefstem Herzen, es kostete mich also keinerlei Anstrengung. Wenn man etwas mag, dann passiert das einfach, ohne Anstrengung. Ich mochte Country Music sehr. In Montreal gab es in dieser Hinsicht nicht viel, man musste amerikanische Radiosender suchen, wie WWVA, West Virginia, die bekam man nachts manchmal rein. Dann interessierte ich mich für Flamenco. Richtig los ging es dann in den fünfziger Jahren mit Stücken wie »The Great Pretender«.

Hatten Sie da schon das Gefühl, dass Musik fundamental wichtig ist für Sie?

Ich habe nie einen großen Unterschied gemacht zwischen sogenannter Lyrik und Songs. Es ging darum, etwas auszudrücken, mit Schönheit, Rhythmus, Autorität und Wahrheit. Alle diese Ideen waren da inbegriffen. Ob nun Fats Domino »I found my thrill on Blueberry Hill« [»Auf dem Blueberry Hill habe ich was Aufregendes erlebt«] sang oder Yeats sagte »Only God could love you for yourself alone and not your yellow hair« [»Einzig Gott vermag dich nur um deiner selbst willen zu lieben und nicht wegen deines blonden Haars«], für mich gab es keinen Unterschied zwischen dem, was ein Popsong ausdrückt und was Literatur. Ich wusste, dass »The Great Pretender« ein sehr gutes Gedicht war. Für mich gab es da keine Hierarchie.

Wie lernten Sie Gitarre spielen?

Ich fing allein an, bis ich eines Tages im Park hinter dem Haus meiner Mutter einen jungen spanischen Gitarristen kennenlernte. Ich muss um die fünfzehn gewesen sein, er neunzehn. Er spielte wunderbar. Ich bat ihn, mir ein paar Dinge beizubringen, er war einverstanden und gab mir drei Stunden, brachte mir das Tremolo bei, Akkordfolgen … Vor allem aber hielt er seine Gitarre auf eine ganz bestimmte Weise, spielte er auf eine bestimmte Weise. Eines Tages rief ich ihn an, um eine weitere Stunde zu vereinbaren, und da sagte man mir, er habe sich umgebracht. Diese drei Gitarrenstunden sind die einzigen, die ich je gehabt habe.

Wie kam es dazu, dass Sie in einem Trio namens Buckskin Boys mitspielten?

Das muss um 1951/52 herum gewesen sein, ich war an der Uni. Damals kam man in Montreal mit sechzehn an die Universität und machte mit zwanzig seinen Abschluss. Ein Foto legt den Schluss nahe, dass wir damals siebzehn oder achtzehn waren. Das waren Mike, der in derselben Straße wohnte wie ich, und Terry. Mike hatte Kontakte zu Kirchen und Schulen. Er sagte, wir könnten dort spielen, ein bisschen Geld verdienen und Spaß haben. Wir haben also viel Country Music und Volkstänze geübt. Ich sang nicht, außer bei einigen Folksongs. Es gab uns eine oder zwei Saisons lang.

Hatten Sie damals noch keine eigenen Songs geschrieben?

Doch, ich hatte schon ein paar Verse geschrieben. »Tonight Will Be Fine« [*Songs from a Room*, 1969] dürfte aus dieser Zeit stammen.

Welches Ziel verfolgten Sie, als Sie sich an der McGill University einschrieben?

Wein, Weib und Gesang. Ich glaube, ich hatte damals kein Ziel. Mit dem erwähnten Freund habe ich neulich darüber gesprochen: Wir ließen uns treiben, spielten Billard … Wir lasen Lyrik. Wir lasen Lyrik, wie man einen Plan liest: Wir wollten uns bewusst werden, was das wahre Leben ist. Lyrik war die Heilige Schrift, das waren die Gesetzesbücher.

Sie galt es zu befolgen. Wir haben das vor allem so ausgelegt, dass wir tranken und Mädchen aufzureißen versuchten. Montreal war ideal dafür, es gab Cafés, wo man für wenig Geld etwas trinken, in die man die Gitarre mitbringen und wo man singen konnte. So lebten wir das Leben, von dem die Gedichte zu sprechen schienen: Freiheit, Liebe, solche Dinge eben.

Wie wichtig waren die Leute, die Sie an der Uni kennenlernten?

Ich lernte sehr nette Leute kennen, vor allem drei Männer: den Dichter Louis Dudek, den Romancier Hugh MacLennan und Irving Layton, der nicht an der Universität war, aber zu den Schriftstellern von Montreal gehörte. Wir machten kleine Partys mit Mädchen, es gab zu trinken … Und die Professoren waren immer dabei, es gab da keine Barrieren, kein Schüler-Lehrer-Verhältnis. Sie mochten unsere Freundinnen. Sie waren in den Dreißigern oder Anfang vierzig, sie mochten die Leute, die wir zu diesen Festen mitbrachten.

Waren diese drei Männer prägend für Ihre Beziehung zu Literatur und Poesie?

Am wichtigsten war der Aspekt der Brüderlichkeit. Sie schenkten einem ihre Freundschaft, ihre Zeit, das Gefühl, einer kleinen Gemeinschaft mit recht strengen Regeln anzugehören. Das waren so etwas wie Lehrjahre, in denen wir einander unsere Gedichte vorlasen. Da wurde hart trainiert, es war streng, ernst, aber alles in einem freundschaftlichen Rahmen. An manchen Abenden gab es Tränen, ging jemand wütend weg, stritten wir uns, doch im Mittelpunkt unserer Freundschaft stand das Interesse am

Schreiben. Später wurde Irving Layton ein guter Freund, das war eine lange Freundschaft, die über das Schreiben hinausging.

Empfanden Sie diese Männer als Leute, von denen Sie etwas lernen sollten?

Was das betrifft, wurde mein Freund Layton von vielen Leuten befragt, und er hat kategorisch behauptet, keinerlei Einfluss auf mich gehabt zu haben. Er sagte: »Leonard ist der Lyrik vollkommen ausgereift begegnet, ich habe ihm nichts beigebracht.« Ich glaube, das stimmt. Aber diese Leute waren auf eine Art großzügig, die mir geholfen hat, mich zu behaupten. Im Rückblick beeindruckt mich diese Großzügigkeit ganz besonders. Irving nahm mich nach Toronto mit und stellte mich Verlegern vor, er hat mir geholfen und mich öffentlich verteidigt, als mir vor allem aus linken Kreisen der Vorwurf gemacht wurde, ein egozentrischer bourgeoiser Dichter zu sein. In dieser Hinsicht verdanke ich ihm viel. Was aber das Werk betrifft, so glaube ich nicht, dass mich diese Leute beeinflusst haben. Doch berührt haben sie mich.

Was mögen sie an Jungen gefunden haben, die ihre Kinder hätten sein können?

Sie hatten Spaß mit uns. Wir hatten Musik, Gitarren, Banjos, hübsche Freundinnen. Und wenn es stimmt, dass diese Männer öffentlich anerkannt waren, dann waren damit vielleicht vierhundert Personen in ganz Kanada gemeint, die einzigen, die ein Sensorium für diese Lyrikbände hatten und sie kauften. Und vierhundert verkaufte Exemplare, das galt bereits als viel. Sie waren also froh, in einer anderen Generation auf das gleiche Interesse für Lyrik zu stoßen.

Das war nicht wie heute, wo jeder einen Gedichtband zu Hause stehen hat.

War das eine Leidenschaft für die Kunst des Schreibens generell oder spezifisch für die Lyrik?

Für die Lyrik, obwohl manche von ihnen auch Erzählungen und Romane schrieben. Der höchste Ausdruck, zu dem das menschliche Herz fähig ist, war unserer Meinung nach ein Gedicht. Dudek hatte eine eigene ästhetische Konzeption von Lyrik, doch die drängte er seinen Studenten nicht auf. Das wäre auch nicht gegangen. Diese Dinge hatten kein Gewicht, waren wertlos. Es gab nichts zu gewinnen. Nicht einmal eine Veröffentlichung. Wir publizierten unsere Bücher selbst, mithilfe von Matrizen. Abgesehen von den eitlen Träumen von der Weltherrschaft, die alle Lyriker haben, waren die Ziele unseres kleinen Unternehmens begrenzt: Bücher produzieren und sie in ein paar Buchhandlungen deponieren. Ich kann mich erinnern, ein Gedicht vorgetragen zu haben, während Irving und ich durch die Straßen gingen. Er legte mir bloß die Hand auf die Schulter und sagte: »Wie machst du das?« Das war alles sehr informell. Später verbrachten Irving und ich viele Abende mit der Arbeit an einem Gedicht von Wallace Stevens. Wir verbissen uns in das Gedicht, bis wir seinen Code geknackt hatten, bis wir genau wussten, was es zu bedeuten hatte, wie es gemacht war. Vers für Vers, Wort für Wort. Unser Leben war die Lyrik. Ideologie hatte keinerlei Bedeutung. Es gab eine Art Ästhetik, die aber nie ausformuliert wurde: Dazu gehörten Bekenntnishaftes, eine moderne Sprache, starke Bilder, Wissen über Musik. Das war kein bisschen akademisch. Die Lyrik, die man uns am Gymnasium in Montreal beigebracht hatte, war manieriert und hatte nichts damit zu tun, wie wir redeten. Das akademische Establishment propagierte nach wie vor die romantische englische Lyrik des 19. Jahrhunderts, Keats, Shelley, Wordsworth. Nur in ein paar versteckten Winkeln beschäftigte man sich mit T. S. Eliot und W. H. Auden, und auch sie waren Engländer oder vom britischen Rhythmus geprägt. Wir dagegen wollten eine Sprache schaffen, die uns und unseren Rhythmen näher war, die von unserer Stadt sprach, unserem Leben.

Fühlten Sie sich überlegen, waren Sie überzeugt, zur Avantgarde zu gehören?

Wir hielten uns für die Avantgarde, überhaupt die einzige Garde. Jedes Mal, wenn wir uns trafen, kam uns das vor wie ein Gipfeltreffen, ein historischer Augenblick. Wir hatten das Gefühl, den Geist des Landes zu schaffen. Wir hatten auf jeden Fall eine überzogene Vorstellung von unserer Bedeutung, glaubten, etwas zu schaffen, das schön war, Bestand und Wert hatte. Es ging nicht um Überlegenheit: Es war gar niemand da, mit dem man sich hätte messen können, das interessierte niemanden.

Lebten Sie in einer Blase, oder hatten Sie ein politisches und soziales Bewusstsein?

Es gab Linke und Rechte. Layton gehörte am Anfang seiner Karriere zur äußersten Linken und wurde immer rechter. Es gab sehr starke politische Elemente, was ich nicht mal lächerlich fand, ich respektierte diese Position durchaus. Aber ich hatte das Gefühl, die Weltveränderung müsse beim Individuum beginnen, bei einem selbst. Natürlich war die Welt in meinen Augen ein Schlachthaus und wurde miserabel regiert, aber ich glaubte nicht, dass man mit Gesetzen etwas ändern könnte.

War Lyrik für Sie auch eine Möglichkeit, leichter an Mädchen ranzukommen?

Nur wenige Frauen waren beeindruckt, denn Lyrik stand damals nicht sehr hoch im Kurs. Sie war kein besonders wirkungsvolles Mittel der Verführung. Zumindest anfänglich nicht. Die jungen Kanadierinnen waren dafür zu realistisch, zu abgebrüht. Nicht nur ich war an Mädchen interessiert, wir alle waren es. Wir waren ausgehungert. Das war eine repressive Zeit, nicht wie heute, man schlief nicht mit seiner Freundin. Das war keine ideologische Frage, es ging mir nicht um Rebellion, ich wollte einfach jemanden umarmen können. Man fühlte sich sehr allein, wollte jemanden im Dunkeln küssen können. Wir waren nicht ausgehungerter als die anderen – wir sind alle verzweifelt, wie könnte es anders sein? Ich bin völlig normal. Wir alle sind verrückt nach Frauen. Doch mit fünfzehn fand das alles nur in meiner Phantasie statt, waren die Erfahrungsmöglichkeiten sehr begrenzt … Ein Kuss auf dem Rücksitz eines Autos. Ich glaube, meine Laster haben sich erst später und allmählich entwickelt.

Hatten Sie den Eindruck, für Mädchen attraktiv zu sein?

Kein bisschen! Man konnte vielleicht Händchen halten mit einem Mädchen, vielleicht wurden einem sehr viel später zwei, drei Gutenachtküsse gewährt. Deswegen waren wir doch so versessen auf sie: Wir konnten sie nicht haben. Wir wollten einander, aber das war verboten.

Hatten Sie mit zwanzig Ambitionen?

Ich hätte das niemals so ausgedrückt, aber ich spürte einen Drang, eine Verlockung. »Ambitionen« hätte einen zu profanen Beiklang gehabt, als dass ich das Wort hätte verwenden können, wenn es um mich ging.

Hat die Vorstellung von einem Leben im Bereich der Kunst während Ihres Studiums konkrete Formen angenommen?

Ja, aber es war nicht so, als hätte ich je eine Wahl gehabt. Ich schrieb, das schien eine akzeptable Form von Arbeit zu sein. Ich glaubte, zu den Guten zu gehören, eines Tages meinen Platz im Pantheon zu erhalten, wenn ich nur weitermachte. Ich glaubte, es würde genügen, allerlei Seiten vollzuschreiben, die würden dann schon ihren Weg machen in der Welt, das würde alles von allein klappen. Ich war damals sehr selbstsicher. Ich hatte keinerlei Zweifel, dass mein Werk die Welt mühelos erobern würde. Ich war achtzehn. Hätte ich den leisesten Zweifel gehabt, hätte ich es sein lassen. Es gab nichts, was dieser Überzeugung widersprochen hätte. Für mich war offensichtlich, dass es kein anderes Leben gab.

Als Sie um die zwanzig waren, wurden Sie erneut mit schmerzlichen Verlusten konfrontiert. Haben Sie auf diese ebenso ungerührt reagiert wie auf den Tod Ihres Vaters?

Ich glaube ja. Es gibt ein gutes Gedicht von Irving Layton über mich. Ich war damals fünfunddreißig, er kannte mich gut, und zwar, seit ich siebzehn war. Es gibt darin eine Stelle, an der ich ungerührt ein Massaker beobachte.

Sie haben später gesagt, Sie hätten damals vor nichts Angst gehabt. Das ist beeindruckend.

Vor allem von einem Angsthasen! Wir waren damals alle äußerst selbstbewusst. Wir dachten nicht über Dinge wie den Tod nach, schließlich waren wir keine Franzosen. Ich wusste, dass die Welt ein Schlachthaus ist, aber ich hielt das für normal. Und das tue ich immer noch. Ich habe nie geglaubt, durch die Welt gehen zu können, ohne üble Schmisse davonzutragen. Aber ich war dazu bereit. Ängstlich, aber bereit dazu.

Später wurden Sie als sehr verwirrter junger Mann beschrieben, ohne klare Überzeugungen, etwas abwesend.

Tja ... Kurz nach diesen heroischen Absichtserklärungen kamen die ersten Depressionen. Ich wurde von Sorgen und Ängsten übermannt. Ich befand mich oft in einem tiefen Loch. Sterben, langsam sterben. Dieser heroische Tod des Ichs, langsam ... ganz langsam. Prächtige Agonien ... Sterben, sterben, endlos langsam, den Tod hinauszögern wie in einer schlechten Oper ...

Wie kam es zur Publikation Ihres ersten Buchs *Let Us Compare Mythologies* [1956]?

Wir haben in der Studentenzeitschrift *McGill Newspaper* dafür geworben und zur Subskription aufgefordert. So kam das nötige Geld zusammen, um es drucken zu lassen.

Wie waren die Reaktionen darauf?

In den drei Zeitschriften des Landes, in denen es besprochen wurde, waren die Kritiken sehr positiv. Es wurde im Allgemeinen sehr gut aufgenommen. Wir erreichten nun auch Leute außerhalb unseres Kreises, kleine Gruppen in Toronto, Vancouver und Edmonton.

War niemand schockiert, dass Sie Heiliges und Sexuelles vermischt haben?

Leute, die daran hätten Anstoß nehmen können, wussten gar nicht, dass es dieses Buch gab. Vielleicht zweihundert Leute haben es gelesen, ich kann mich nicht erinnern, wie hoch die Auflage war, aber die waren bereits bekehrt. Vielleicht mochten sie es nicht, aber sie ließen sich wenigstens offenen Herzens darauf ein. Es konnte keinen Widerstand dagegen geben, denn es wurde weder in den Seminaren für Literatur oder Theologie studiert noch kam es in den Zeitungen vor.

Sie dachten also nicht, dass es provokant wirken könnte?

Doch, natürlich. Man muss hartnäckig sein, um wahrgenommen zu werden. Und das will jeder, der etwas veröffentlicht. Es gab unter den Dichterinnen und Dichtern welche, die provozieren, das Bürgertum attackieren, einen Konflikt auslösen wollten. Das gab es durchaus. Aber meine Texte waren nicht von dieser Warte aus geschrieben, ich war nicht darauf aus, mir Feinde zu machen. Ich fand, dass das, was ich schrieb, schön war und dass man mit Schönheit die Menschen erreichte. Ich glaubte, ein objektiver, klarsichtiger Leser würde begreifen, dass dieses Nebeneinander von Spiritualität und Sexualität vollkommen gerechtfertigt war, und es nicht als Herausforderung oder Provokation empfinden. Ich glaubte, dieses Nebeneinander würde eine besondere Art von Schönheit schaffen, von Lyrik. Ich glaubte, Werke, die geschaffen wurden, um gegen etwas zu kämpfen, seien ihrem Wesen nach von minderer Qualität. Dass es keinerlei Notwendigkeit gab, Konflikte zu schaffen. Ich war eher auf Versöhnung als auf Kampf aus. Die Versöhnung der verschiedenen Teile der Gesellschaft. Ich habe Armeen immer befürwortet, auch auf dem Höhepunkt des Vietnamkriegs. Man braucht Armeen, man braucht Hierarchien und Klassen. Die Institutionen sind okay. Das Problem sind die Leute in diesen Institutionen. Es ist schwierig, Institutionen aufzubauen, es dauert, besonders, wenn es um demokratische Institutionen geht. Nicht die Form ist das Problem, sondern der Inhalt. Im Osten kann man gut sehen, dass Formen, die über Nacht und aufgrund eines Manifestes, einer Theorie eingeführt werden, nicht organisch wachsen und deshalb nicht funktionieren. Ich habe die Formen, die es bei uns gibt, instinktiv immer als schön empfunden, weshalb man ihnen nicht trotzen, sie nicht umkrempeln sollte. Deshalb glaube ich, dass diese Revolutionen oberflächlicher Art waren, alle Revolutionen, insbesondere die von Moskau inspirierten, die damals alle Linken feierten. Es besteht immer die Versuchung zu glauben, man lebe in einer besonders schlimmen Zeit und müsse deshalb alles revidieren. Ich hatte das Gefühl, keine Vorstellung und damit auch keine Meinung zu haben.

Sie sagen, Sie hätten sich nicht als Rebell empfunden. Doch in *The Favourite Game* steht: »Und die Männer verneigten sich und führten die vorgeschriebenen Bewegungen aus, aber ihnen fehlte jedes Bewusstsein dafür, dass andere das heilige Lied geschrieben und die scheinbar ewigen Abläufe aus einer verwirrten Unbeholfenheit heraus entwickelt hatten. Sie nahmen als selbstverständlich hin, was ihnen unter den Händen hinwegstarb.«

Meinem Empfinden nach war keine Revolution radikal, tiefgreifend, heilig genug, nicht ausreichend durchdacht, um die Welt wirklich voranzubringen. Meinem Empfinden nach war es so: Ja, es muss sich etwas ändern, ja, es ist widerlich, ein Schlachthaus, verrottet. Aber alle politischen

Reaktionen auf diese ärgerliche Situation sind oberflächlich. Wir hatten also Meinungen, aber waren im Grunde überzeugt, dass sie uns nicht aus dieser Misere helfen würden.

Sie haben Bauunternehmen angegriffen, die Ihrer Ansicht nach die Stadt Montreal zerstörten. Sie haben manche Leute verachtet. Waren Sie auch zu Hass fähig?

Nein, ich wollte mich nur interessant machen, Aufmerksamkeit erregen.

Was für eine Rolle spielten Drogen in Ihrem Milieu?

Für viele gehörte es zum Alltag, sich zu bedröhnen. Aber sich zu bedröhnen, um spirituelle Energie freizusetzen. Das war der Vorwand. Drogen hatten etwas Sakramentales. Sie hatten eine Daseinsberechtigung, waren nicht einfach ein Zeitvertreib, eine Fluchtmöglichkeit. Sie dienten vielmehr der Selbstverwirklichung. Auch ich sah das so. Auch für mich gehörten sie eine Zeit lang zum Alltag. Den Drogen hatte ich es zu verdanken, dass ich mich mindestens eine Viertelstunde lang als großer Verkünder des neuen Zeitalters fühlte.

Wie darf man sich Ihre Auftritte in Montreal vorstellen?

Ich habe sehr kurz in einem Nachtclub gearbeitet. Man mischte damals gern Jazz mit Lyriklesungen. Ich arbeitete mit dem Bandleader einer Jazzband aus Montreal zusammen. Ein paar Wochen lang improvisierten wir ab Mitternacht in einem Lokal über einem Delikatessengeschäft. Es hieß Dunn's Birdland. Dunn's war der Name des Delikatessengeschäfts. Birdland war ein berühmter Club in New York. Es war also eigentlich Dunn's Delicatessen Birdland.

Die Band spielte den ganzen Abend. Ich kam um Mitternacht und improvisierte eine halbe oder ganze Stunde. Gespielt habe ich nie, ich hatte Musiker hinter mir. Ich las alte Texte von mir vor, ich redete … Damals [1959] schrieb ich meinen ersten Roman *Beauty at Close Quarters*. Ich hasste jede Minute, die ich daran arbeitete. Ich hätte es besser wissen müssen. Und niemand wollte ihn veröffentlichen.

Wann haben Sie Montreal verlassen?

Meine erste Europareise unternahm ich 1959. Ich hatte 3000 Dollar zur Verfügung. Ich reiste nach England, wo ich in einer Familienpension wohnte, die von Mr. und Mrs. Pullman geführt wurde. Alle Zimmer waren schon vermietet, da haben sie mir ihr Wohnzimmer überlassen. Mrs. Pullman fragte mich, was ich von Beruf sei, und sagte darauf: »Sie können hier so lange bleiben, wie Sie schreiben. Wie viele Seiten schreiben Sie pro Tag?« – »Drei.« – »Gut, solange Sie täglich Ihre drei Seiten schreiben, können Sie hierbleiben.« Ich musste jeden Tag, bevor sie aufstanden, im Keller Kohlen holen, Feuer machen und das Wohnzimmer aufräumen, denn tagsüber benutzten sie es selbst. Das waren wunderbare Leute. Stella Pullman war eine strenge und großzügige Vermieterin. Sie hat dafür gesorgt, dass ich mein Buch fertigschrieb.

Was haben Sie empfunden, als Sie zum ersten Mal nach London kamen?

»London heißt einen weiteren großen Schriftsteller willkommen!« Shakespeare, Milton, Wordsworth, Shelley und Keats haben hier gelebt, und jetzt bin ich da! Als ich nach Dublin ging, sagte ich mir: »Dublin heißt einen weiteren großen irischen Schriftsteller willkommen.« Ich schrieb dort ein Theaterstück und besuchte die Kneipen, in denen Yeats verkehrt hatte. In London hatte ich keinen Zugang zum Nachtleben, außer einem Antillen-Club namens The All-Nighter, in dem es gute Musik gab und viel Gras geraucht wurde. Nancy Bacal, eine Freundin seit Kindertagen aus Montreal, kannte sich gut in London aus und brachte mich in diesen Club. Sie war mit Michael X, einem Jünger von Malcolm X liiert. Später gründete er den Londoner Ableger der Black Muslims. Er sagte mir, er werde nach Trinidad zurückkehren, dort die Macht übernehmen, und er wolle mich als Regierungsmitglied. Ich sagte ihm: »Hör mal, Michael, du wirst eine schwarze nationalistische Regierung gründen. Was hätte ich da zu suchen?« Er sagte: »Du könntest ständiger Berater des Tourismusministeriums sein.«

Besaßen Sie damals schon Ihren blauen Regenmantel, den Sie im Song »Famous Blue Raincoat« [*Songs of Love and Hate*, 1971] verewigt haben?

Ja, in England braucht man nun mal einen Regenmantel. Als ich in London ankam, kaufte ich als Erstes eine Olivetti-Schreibmaschine und diesen Regenmantel. Damit war ich für das Leben in London gerüstet. Den Mantel habe ich jahrelang behalten, bis er mir 1968 gestohlen wurde. Ein guter Regenmantel, Marke Burberry.

Waren die Mädchen in London anders als in Montreal?

Ich lernte kaum welche kennen, in Montreal wie in England. Ich hatte auf diesem Gebiet nur wenig Erfolg.

Wie kamen Sie auf die Idee, nach Griechenland zu reisen?

In London hat es praktisch täglich geregnet. Eines Tages wurde mir ein Weisheitszahn gezogen, eine sehr brutale Angelegenheit. Ich ging durch die Bank Street mit diesem Riesenloch im Kiefer. Es regnete, ich fühlte mich beschissen, da sah ich das Firmenschild der griechischen Bank. Ich ging hinein, hinter dem Schalter saß ein sonnengebräunter Mensch. Ich fragte ihn: »Wie ist das Wetter in Griechenland?« Er sagte: »Es ist Frühling.« Zwei, drei Tage später reiste ich nach Griechenland. In Athen blieb ich nur eine Nacht, denn ich hatte von dieser schönen Insel namens Hydra gehört. Ich dachte, es sei wohl klüger, an einen Ort zu gehen, in dem es ein paar Ausländer gibt, und zu schauen, wie es sich dort leben lässt. Ich nahm ein Boot und mietete ein Haus.

Was hat Sie dazu bewogen, dortzubleiben?

In erster Linie wirtschaftliche Gründe: Ich hatte wenig Geld, und die Miete für das Haus betrug nur vierzehn Dollar im Monat. Und dann das Klima: Ich war noch nie in einer warmen Gegend gewesen, ich hatte keine Ahnung vom Mittelmeerklima, und das war eine wunderbare Überraschung. In England ist immer alles nass und klamm, auch die Betten sind klamm, deshalb sind die Frauen dort so abgehärtet. Am ersten Abend hatte Mrs. Pullman mir eine Bettflasche gegeben. »Wozu?« – »Greif unter das Laken, dann wirst du schon sehen!« Hydra war Liebe auf den ersten Blick: die Leute, die Architektur, der Himmel, die Maultiere, die Gerüche, das Leben. Egal, wo man hinschaute, alles war schön: Jeder Winkel, jede Lampe, alles, was man in die Hand nahm, alles, was man brauchte, war an seinem Platz. Fließend Wasser gab es nicht, man musste das Wasser Tropfen für Tropfen einfangen, man kannte jeden Tropfen persönlich. Man kannte alles, was man brauchte: Zündete man die Lampe an, dann wusste man, dass man sie am nächsten Tag putzen und nachfüllen musste. Alles, was man brauchte, war kostbar. Das war ein schönes Gefühl. Es ging dort lebhafter zu als in irgendeiner Stadt, viel kosmopolitischer, es gab Leute aus Deutschland, Skandinavien, Australien, Amerika, Holland. Man begegnete einander in intimem Rahmen, im Hinterzimmer eines Lebensmittelladens.

Regte dieser Lebensstil Sie zum Schreiben an? War das die ideale Umgebung dafür?

Was das Schreiben betrifft, da gibt es nur eines: Jeden Tag so und so viele Seiten vollschreiben. Natürlich hilft so eine Umgebung, aber vor allem fühlte ich mich wohl, fühlte ich mich meiner Aufgabe gewachsen. Dort gingen alle irgendeiner Arbeit nach, man stand früh auf und arbeitete, eine kluge Arbeitseinteilung: Wenn es zu heiß wurde, hörte man damit auf. Nichts lenkte einen ab, Telefone gab es nicht. Das heißt, gewisse Ablenkungen gab es schon: Liebschaften, Getränke und Freundschaften. So lebte es sich äußerst angenehm: Man konnte sich immer in ein Café setzen, mit jemandem schwatzen und dazu für sehr wenig Geld etwas trinken oder essen, Leute kennenlernen. Dort zu leben kostete mich jährlich ein bisschen mehr als tausend Dollar. Ab und zu kehrte ich nach Montreal zurück und verdiente dort zweitausend Dollar, damit konnte ich mir dann die Schiffsreise und die nächste Zeit in Griechenland leisten. So lebte ich sechs oder sieben Jahre lang, danach begann ich etwas zu verdienen und konnte es mir leisten, entsprechend länger auf Hydra zu bleiben.

In einem Gedicht in *Flowers for Hitler* [1964] beschreiben Sie, wie Sie in einer Buchhandlung auf Hydra Marianne Ihlen kennenlernten.

Wahrscheinlich war das so. Aber so genau will ich das gar nicht wissen.

Haben Sie denselben Drang zu schreiben, wenn gewisse andere Bedürfnisse gestillt sind?

Marianne und ich hatten nicht das Gefühl, wir hätten eine Liebesgeschichte. Wir lebten zusammen. Ich verstehe, dass manche Leute glauben, wenn das Bedürfnis nach Liebe gestillt ist, hat man keinen Grund mehr zu schreiben. Aber ich habe das nie so empfunden, bei mir funktioniert das nicht so. Im Gegenteil: Da war eine Frau, sie hatte ein Kind, es kam Essen auf den Tisch, jemand sorgte für Ordnung im Haus, es herrschte Harmonie. Und dadurch konnte ich mich ungestört an meine Arbeit machen. Ich konnte viel arbeiten, als ich mit Marianne zusammen war. Ich schrieb den Roman *Beautiful Losers* [1966] und andere Sachen. Sie hat Ordnung in mein Leben gebracht.

Ordnung im materiellen Sinn, im täglichen Leben?

Wenn Sie das als materiell bezeichnen wollen ... Aber das Materielle ist das Spirituelle, das ist die wahre Ordnung, eine andere gibt es nicht. Wenn Essen auf den Tisch kommt, die Kerzen brennen, man gemeinsam Geschirr spült und gemeinsam das Kind zu Bett bringt, dann ist das Ordnung, spirituelle Ordnung, eine andere gibt es nicht.

Sie haben gesagt, Sie interessieren sich nicht direkt für Politik. Wieso waren Sie dann 1961 auf Kuba, inmitten von Castros Revolution?

Ganz allgemein habe ich damals versucht, die Welt im Sturm zu nehmen. Das war der wichtigste Antrieb für alles, was ich tat. Ich erhoffte mir Hinweise aus anderen Bewegungen. Ich dachte, eines Tages könnte ich dem Universum meinen Stempel aufdrücken, und zu diesem Zweck studierte ich verschiedene Bewegungen, die etwas verändern wollten.

In welcher Funktion waren Sie denn auf Kuba: als Beobachter oder als Akteur?

Ich bildete mir ein, alles zu steuern. Ich hatte das Gefühl, die Insel gegen die amerikanische Invasion zu verteidigen und gleichzeitig genau diese Invasion voranzutreiben. Ich steckte hinter allem und jedem!

Sie sprachen damals von einem »starken Interesse an Gewalt«.

Diese Einstellung war damals sehr angesagt. Heute interessiert mich Gewalt sehr viel weniger. Doch damals hatte ich noch nie irgendwelche Gewalttaten erlebt. Jetzt, nachdem ich dies und das erlebt habe, möchte ich Gewalt um jeden Preis vermeiden. Das war damals nur eine romantische Schwärmerei für etwas, von dem ich keine Ahnung hatte. Seither bin ich in der Hinsicht ja auf meine Kosten gekommen.

Damals war auf der Welt sehr viel los: Israel, die Suez-Krise, der Kalte Krieg. Haben Sie damals für etwas Partei ergriffen?

Ich steckte hinter allem! Sie können sich gar nicht vorstellen, wie größenwahnsinnig ich damals war. Es war eine sonderbare Form von Größenwahn: Ich hatte das Gefühl, alles, was auf der Welt geschah, geschah nur deshalb, damit ich es beobachten und daraus lernen konnte. Alles, was geschah, entsprach meinem Masterplan. Praktische Probleme interessierten mich nicht. Ich hatte schließlich diesen Plan, demzufolge sich alles abzuspielen hatte.

Waren Sie denn mit dem Lauf der Ereignisse zufrieden?

Ja, und das ist immer noch so. Für mich hatte Leiden nichts mit Politik zu tun, auch wenn mir klar ist, dass manche politischen Systeme mehr Leiden produzieren als andere. Man müsste ja blöd sein, würde man das nicht sehen. Ich hatte also die gleiche Einstellung wie alle anderen gegenüber diesen Systemen: Ich war gegen sie. Aber auf einer anderen Ebene hatte ich das Gefühl, dass das Leiden keinen politischen, sondern einen tieferen Ursprung hat, dass es dem menschlichen Dasein gleichsam eingeschrieben ist. Ich misstraute meinen politischen Ansichten, sie interessierten mich nicht wirklich, änderten sich dauernd. Meine Meinung hat mich nie besonders interessiert, schon damals nicht. Und wenn man schon etwas länger lebt, dann stellt man fest, dass die Leute sich jeden Blödsinn auf die Fahnen schreiben. Es gab eine Zeit, da war jeder französische Intellektuelle Maoist, als hätte China eine echte Alternative zu den industrialisierten USA zu bieten. Wenn man schon etwas länger lebt, stellt man fest, wie absurd diese politischen Positionen sind, dass all diese Denkweisen völlig ausgelaugt sind. Die Linke beispielsweise: Einzig in Frankreich hat sie eine Zeit lang überlebt, und in Italien, wo etwas wie der Kommunismus durchaus seine Berechtigung hatte. Natürlich zogen mich solche Ideen an, genau wie die Bibel: Seit jeher zogen messianische Vorstellungen mich an. Den Gedanken, dass alle Menschen Brüder sind, dass die Gesellschaft auf Mitgefühl beruht, dass wir im Namen von etwas leben, das höher ist als unsere Habgier, fand ich schon immer verführerisch.

Gehen Sie wählen?

Ab und zu. Ich lebe Tausende verschiedener Leben. Aber solche Dinge sind nicht sonderlich wichtig. Ab und zu gehe ich wählen, denke ich über Politik nach, lese ich Zeitung, habe ich eine Meinung, entscheide ich mich für etwas, werde ich sehr aktiv. So was kommt vor. Aber das ist wie mit einem Schiffbrüchigen auf dem Meer, der sich an ein Stück Holz klammert. Vielleicht hebt er mal den Blick und sieht, dass der Himmel blau ist, dass Vögel vorbeifliegen, vielleicht winkt er mal einem anderen zu, der sich ebenfalls an ein Stück Holz klammert, aber in erster Linie geht es ihm darum, sich in den Wellen an dieser Planke festhalten zu können. Ab und zu kann er vielleicht mal über etwas anderes reden, aber egal, was er sagt, im Grunde kümmert ihn nur eines: die Planke nicht loszulassen. So sehe ich mein Leben: Da ist etwas extrem Wichtiges und Gefährliches im Gange, das meine ganze Aufmerksamkeit erfordert. Verglichen damit ist alles andere unwichtig und oberflächlich. Das ist keine besonders attraktive Haltung, nichts Nachahmens- oder Bewundernswertes. Aber so ist es nun mal. Ich habe Mühe, mich an dem Stück Holz festzuklammern. Vielleicht wäre es eine gute Idee, es fahren zu lassen, vielleicht würde ich dann feststellen, dass ich in dem Unwetter bestens schwimmen kann. Doch wohl eher nicht. Und deshalb möchte ich dieses Risiko gar nicht eingehen. Meine Energie, meine Aufmerksamkeit gilt im Wesentlichen dem Stück Holz, an das ich mich klammere, und den paar anderen, die sich an dasselbe Stück Holz klammern und für die ich mich verantwortlich fühle.

Eine Platte zu veröffentlichen, dient das auch dem Sich-Festklammern?

Sie zu veröffentlichen nicht, aber sie zu machen. Da klammere ich mich eindeutig fest. Außer wenn, wie heute, der Prozess ins Stocken gerät. Ich kann nicht weitermachen, ich weiß nicht, in welche Richtung es gehen soll, ich habe das Gefühl, keine Songs vollenden zu können, ich habe keinen Bezug mehr dazu, ich weiß nicht, worum es darin geht und warum ich sie überhaupt angefangen habe. So was kommt öfter vor, und dann muss man sich mit der neuen Situation abfinden.

Nach der Veröffentlichung von *Flowers for Hitler* 1964 fragte ein Journalist Sie, warum Konzentrationslager ein wiederkehrendes Motiv in Ihren Büchern seien. Damals sagten Sie, um sich davon zu befreien. Wie steht es mittlerweile damit?

Über Konzentrationslager kann ich nicht beiläufig reden. Es fällt mir schwer, diese Frage zu beantworten. Ich kann mich nicht erinnern, diese Antwort gegeben zu haben. Ich hatte gehofft, sogar in diesen jungen Jahren diskret genug gewesen zu sein, um in Sachen Konzentrationslager den Mund zu halten – außer im sakramentalen Zusammenhang eines Gedichts oder eines Songs. Im Gespräch möchte ich das Thema aber vermeiden.

Sie haben auch gesagt: »Keines der Themen, über die ich schrieb, berührte mich, ich war vollkommen unbekümmert, man hätte meinen können, Leiden seien mir fremd.« Man hat den Eindruck, Sie wollten damals provozieren.

Das muss vor langer Zeit gewesen sein. Vielleicht wollte ich tatsächlich provozieren, ich glaube aber eher, dass ich mit diesem Satz aufrichtig und genau sein wollte. Vielleicht hatte ich damals tatsächlich das Gefühl, dass nicht alles, was ich schrieb, mich berührte … Wissen Sie, ich habe mich nie sonderlich für mich selbst interessiert.

Gleichzeitig träumten Sie davon, die Macht zu übernehmen.

Das war nichts als Pornographie, eine Art spirituelle Pornographie. Sie war ein offensichtlicher Ausdruck meines Größenwahns, eine Behauptung meines Egos, eine geradezu komische Folge meines Drangs, zu kontrollieren und zu dominieren.

Können Sie sich an die Lebensumstände erinnern, in denen Sie Ihren zweiten Roman *Beautiful Losers* geschrieben haben?

Den habe ich im Wesentlichen unter Einfluss eines Sonnenstichs geschrieben. Ich schrieb im Freien, in zwei intensiven Phasen von ungefähr je acht Monaten. Gegen Ende habe ich täglich fünfzehn bis zwanzig Stunden geschrieben, doch am Anfang einfach nur so lang, wie ich brauchte, um drei Seiten hinzukriegen, manchmal eine Stunde, manchmal drei. Nachdem der Roman gewisse Formen angenommen hatte, schrieb ich viel mehr als drei Seiten am Stück.

Als *Beautiful Losers* 1966 erschien, stand in einem Artikel: »James Joyce ist nicht gestorben. Er lebt unter dem Namen Leonard Cohen in Montreal.« Wie reagiert man auf so was?

Natürlich freut mich Lob, und James Joyce ist ein großartiger Autor, auch wenn ich seine Hauptwerke nicht gelesen habe, weil er so schwierig ist. Das Kompliment hat mich gefreut. Ich hatte selbst das Gefühl, inspiriert gewesen zu sein, und ich freute mich, dass das anerkannt wurde.

Ich sehe hier bei Ihnen kein einziges Buch. Haben Sie keine?

Ich habe nur wenige, und die habe ich versteckt. Ich gehe sehr selten in Buchhandlungen. Nur in Flughäfen, wenn ich Zeit totschlagen muss.

Stimmt es, dass Sie *Beautiful Losers* im Wesentlichen unter Drogeneinfluss geschrieben haben?

Das stimmt. Ich nahm damals Unmengen von Amphetaminen. Ich hatte das Gefühl, das würde meine geistigen Fähigkeiten steigern. So konnte ich stundenlang intensiv arbeiten. Ich war noch nie süchtig gewesen und mir deshalb der Folgen nicht bewusst. Dann kam ein Punkt, an dem nichts mehr ging, ja, ich war kurz davor, zu sterben. Schließlich bin ich zusammengeklappt. Für Depressive sind Amphetamine keine guten Drogen, davon runterzukommen ist sehr unangenehm. Ich habe zehn Jahre gebraucht, um mich ganz zu erholen, ich hatte Absenzen, war gleichsam innerlich verbrannt. Ich konnte nicht mehr aufstehen, lag im Bett wie ein Sack Kartoffeln, unfähig, irgendwas zu tun oder zu essen. Danach wog ich keine vierzig Kilo mehr. Man sagt, Amphetamine bringen nichts hervor, sie zehren bloß die Ressourcen der Zukunft auf. In meinem Fall waren das zehn Jahre. Ich habe später gelegentlich mal wieder welche genommen, aber nie mehr regelmäßig. Halluzinogene habe ich kaum genommen, harte Drogen nie, aber um mich herum sind viele Leute daran gestorben, manche, denen ich sehr nahestand.

Wie sind Sie vom Schriftsteller zum Singer-Songwriter geworden?

Ich habe immer schon Gitarre gespielt, immer schon gesungen. Irgendwann ging mir auf, dass ich von der Schriftstellerei nicht leben konnte. Ich hatte mehrere Bücher veröffentlicht, darunter zwei Romane, ich bekam gute Kritiken, aber ich konnte meine Rechnung im Lebensmittelladen nicht bezahlen. Mein zweiter Roman hatte sich vielleicht dreitausendmal verkauft – damit kann man keine großen Sprünge machen.

Ich dachte, Sie wären ein Star gewesen ...

Ein sehr kleiner, ja. Ich hatte sehr gute Kritiken, von der *New York Times* bis hin zu den kleinen Literaturzeitschriften, aber eben: Ich habe von *Beautiful Losers* in den USA dreitausend Exemplare verkauft und in Kanada vielleicht noch mal tausend. Ich hatte also offensichtlich kein Geld, und so kam ich auf die Idee, in Nashville eine Country-and-Western-Platte aufzunehmen, um so meine Geldprobleme zu lösen. Auf dem Weg nach Nashville kam ich durch New York. Ich wusste nicht, was in den USA los war. Und so hörte ich damals zum ersten Mal von Joan Baez, Bob Dylan, Judy Collins, Phil Ochs und Tim Buckley. Als ich in New York landete, begriff ich, dass da etwas anderes im Entstehen war und Nashville deshalb nicht der Ort war, an den ich fahren sollte. Ich gehörte nach New York. Ich kehrte also nach Montreal zurück und fing ernsthaft mit dem Songschreiben an. Ich pendelte zwischen New York und Montreal, spielte Leuten meine Stücke vor, wollte Leute kennenlernen, dazugehören. Das ist mir nie gelungen. Ich blieb die meiste Zeit allein. Und wenn etwas los war, dann habe ich es nicht mitgekriegt.

Ab und zu begegnete ich jemandem in einem Club, Bob Dylan, Phil Ochs oder Joni Mitchell, einige von ihnen lernte ich näher kennen. Aber im Großen und Ganzen war ich allein, ich gehörte keiner Gruppe an.

Wie kam es zu Ihrer Karriere als Sänger?

Durch die Vermittlung einer Freundin, Mary Martin, lernte ich Judy Collins kennen. Ich besuchte sie und sang ihr ein paar Lieder vor, die sie aber nicht interessierten. Sie sagte: »Rufen Sie mich an, wenn Sie etwas haben, das mir gefallen könnte.« Einige Monate später, nachdem ich »Suzanne« [*Songs of Leonard Cohen*, 1967] geschrieben hatte, rief ich sie von Montreal aus an und sang ihr den Song am Telefon vor. Sie wollte ihn sofort singen. Mary Martin, die so etwas wie meine Managerin war, rief [den Musikproduzenten] John Hammond an, der Judy Collins' Aufnahme des Songs kannte. Er lud mich in der Nähe des Chelsea Hotels zum Essen ein, forderte mich dann auf, ihm ein paar Stücke vorzuspielen, und sagte: »You've got it.« Ich dürfe eine Platte aufnehmen. Damals waren Singer-Songwriter sehr gefragt, die Plattenfirmen waren ständig auf der Suche, und in Sachen Gesang war man sehr nachsichtig. Ich sang noch schlechter als die meisten, aber das war kein Hindernis. Später, nach dem Newport Festival [1967], sagte ich zu meinem Anwalt: »Hör mal, Marty, ich kann nicht singen. Ich weiß jetzt, dass ich nicht singen kann.« Er antwortete: »Aber von euch kann eh keiner singen! Wenn ich jemanden hören will, der singen kann, dann geh ich in die Metropolitan Opera.«

Als Sie zum ersten Mal auftraten, hatten Sie noch keine Platte veröffentlicht. Zur allgemeinen Verblüffung sind Sie mitten bei »Suzanne« von der Bühne gegangen.

Das war ein Konzert für einen New Yorker Radiosender. Judy Collins hatte mich auf die Bühne gebeten. Der Temperaturunterschied zwischen der Bühne und den Kulissen war gewaltig: Auf der Bühne war es kalt, hinter den Kulissen sehr heiß. Ich hatte damals eine sehr empfindliche spanische Gitarre, die sich komplett verstimmte. Ich erinnere mich an meine panischen Versuche, das Ding zu stimmen. Dann ging ich von der Bühne, stimmte die Gitarre und kam wieder auf die Bühne.

Empfanden Sie eine Geistesverwandtschaft mit den Berühmtheiten der New Yorker Folkszene?

Ich fühlte mich ihnen nahe, kaufte ihre Platten. Ich hatte das Gefühl, wir gehörten zur selben Welt. Ich kannte sie nicht näher, aber wir hatten das Gefühl, im selben Boot zu sitzen.

Im Gegensatz zu Ihnen hatte Dylan ein sehr starkes soziales Bewusstsein. Es war ein wichtiger Antrieb für sein Werk.

All diese Leute hatten ein stark entwickeltes soziales Bewusstsein. Sie gingen aber auf verschiedene Weise damit um. Pete Seeger, Phil Ochs und Bob Dylan drückten es ganz direkt aus. Tim Hardin und ich gingen entschlossen in die Gegenrichtung. Doch wir alle hatten dieselben Anliegen. Wir sprachen, jeder auf seine Weise, von einer neuen Welt. Wir hatten nicht das Gefühl, dass einer von uns ein größeres politisches Bewusstsein hatte als die anderen. Aber manche waren politisch aktiver, Joan Baez beispielsweise. Doch alle, die ihre Stimmen erhoben, taten es im Namen von etwas, das wir alle verstanden.

1966/67, als Sie in New York waren, war auch die Zeit der Pop Art. Interessierte Sie das?

Ich sah die Pop Art im selben Licht wie alles andere, was damals los war: Sie war unser Versuch, sich die Dinge anzueignen, das Diktat der akademischen Kunst zu brechen. Pop-Art beruhte auf unserer Kultur, unseren Konservendosen, unseren Comicstrips. Diese Ideen lagen mir natürlich am Herzen, denn ich wollte, dass unsere Kunst von uns sprach, so wie unsere Songs von uns sprechen sollten. Alles bewegte sich in diese Richtung, das war das Aufregende. Wir spürten, dass Schönheit, Würde und Sinn in den Dingen steckten, die gemeinhin als vulgär und infantil verachtet wurden. Was für ein Blödsinn! Das war unsere Welt, warum sollte man sie nicht feiern? Eines Abends, vermutlich 1966, wollte ich die berühmte New Yorker Szene kennenlernen. Ich ging in diesen Club in der 8th Street, ins Dom, es war dunkel, an den Wänden klebte Silberpapier: Das also war die Szene. Da war eine extrem schöne Frau, die mit monotoner Stimme sang. Natürlich verknallte ich mich auf der Stelle in sie. Das war Nico. Jackson Browne begleitete sie auf der Gitarre. Ich wollte mich ihr vorstellen, aber sie hatte nur Augen für Jackson Browne, der achtzehn, sehr schön und talentiert war. Nico und ich und Jackson wurden dann trotzdem Freunde und verbrachten zusammen mehrere Abende im Dom. Manchmal kam Andy Warhol vorbei, ich grüßte ihn, er grüßte mich. Mein Ruhm war winzig klein damals: Ich war der, der »Suzanne« geschrieben hatte, aufgenommen von Judy Collins. Mehr hatte ich nicht vorzuweisen – bis ich Lou Reed kennenlernte, der mein Werk gut kannte. Er hatte *Beautiful Losers* und *Flowers for Hitler* gelesen. Er war sehr nett zu mir, sehr liebenswürdig. Eines Abends saß ich mit ihm im Max's Kansas City, als ich beschimpft wurde. Mir entging das, wie so oft,

Lou Reed musste mich darauf aufmerksam machen, doch er sagte: »Achte nicht darauf, Leonard, du bist der Mann, der *Beautiful Losers* geschrieben hat.«

Stimmt es, dass Sie »Take This Longing« [*New Skin for the Old Ceremony*, 1974] für Nico geschrieben haben?

Ich habe ihr diesen Song gegeben. Sie hat ihn mir ein paarmal vorgesungen, aber nie eingespielt. Nico war sehr merkwürdig: Wenn ich mit ihr zu reden versuchte, gab sie immer rätselhafte Antworten. Egal, was man ihr sagte, ihre Antwort war eigenartig. Erst nach mehreren Wochen gestand sie mir, schwerhörig zu sein. Deshalb hatte sie sich angewöhnt, auf alles, was man ihr sagte, einfach das zu antworten, was ihr gerade durch den Kopf ging, denn sie verstand praktisch nie etwas. Es stimmt aber, dass ich beim Schreiben von »Take This Longing« an sie gedacht habe.

Folgten Sie zu der Zeit, als Sie Ihr erstes Album einspielten, irgendwelchen musikalischen Prinzipien?

Vermutlich schon, aber ohne mir dessen bewusst zu sein. Ich ging davon aus, dass die Akkorde der Melodie und dem Text dienten. Aber Minimalismus hat mich schon immer interessiert, auch wenn es diesen Begriff damals noch gar nicht gab. Ich mochte Einfaches, einfache Gedichte, mir war Einfaches lieber als Dekoratives. Aber es gab kein Prinzip, das ich verteidigen oder an den Mann bringen wollte.

John Hammond erlitt 1967 während der Aufnahmen zu Ihrem ersten Album in New York einen Herzinfarkt.

Er war krank. Davor hatte er mir im Studio sehr geholfen. Ich war noch nie in einem gewesen, ich wusste nicht, was man da tat. Wir probierten verschiedene Möglichkeiten mit Gruppen aus, aber am Schluss blieb es meist bei meiner Stimme, der Gitarre und allenfalls noch einem Bass. Zu Beginn der Aufnahmen stürzte ich mich mit Feuereifer in die Sache, doch als John Hammond erkrankte, verlor ich den Bezug zu den Songs. Ich vergaß, was ich damit sagen wollte, und ging zu einer Hypnotiseurin. Das Projekt scheiterte, und ich musste von vorn anfangen, es ist immer das Gleiche: Ich verliere etwas aus den Augen und muss es erst wiederfinden. John Hammond wurde durch John Simon ersetzt, der überall Arrangements haben wollte. Er hat die Songs melodisch bereichert. Es gab aber auch heftigen Streit, unter anderem, als er für »Suzanne« ein Klavier einsetzen wollte. Mir gefiel sehr, was er mit den Streichern und den Frauenstimmen gemacht hatte, aber gegen ein rhythmisches Klavier wehrte ich mich mit Händen und Füßen, ebenso wie gegen seltsame Gimmicks und dagegen, was er beim Mischen mit der Stimme anstellen wollte. So sagte er schließlich: »Hör zu, mir reicht's, ich fahre in den Weihnachtsurlaub. Misch du das Ding und mach damit, was du willst.« Das war zu der Zeit, als ich mich von Marianne trennte und nach New York zog, um dort Platten zu machen und zu leben. Marianne war in Europa, wir hatten einander immer weniger gesehen.

Was die Leute sofort beeindruckt hat, war Ihre Fähigkeit, ganz offen über Schmerz, Kummer und Angst zu reden. Haben Sie nie davor zurückgescheut, solche Gefühle so offen auszudrücken?

Das Einzige, wofür man sich schämen sollte, ist, nicht die Wahrheit zu sagen. Ich habe nicht den Eindruck, tiefe Bekenntnisse abgelegt zu haben, sondern an der Oberfläche geblieben zu sein. Es wäre schön, mal ein echtes Gefühl, einen echten Gedanken, eine echte Beschreibung der misslichen Lage zu hören, in der ein Mann sich befindet. Ich habe diese Dinge nur gestreift. Insofern kann ich mich nicht schämen, außer dafür, nicht tief genug vorgedrungen zu sein. Man hat mir oft vorgeworfen, deprimierend zu sein. Aber ich war nun mal deprimiert! Ich kann mich erinnern, dass mein alter Freund, der, der mir das Trinken beigebracht hat, einmal im Studio war, während ich *New Skin for the Old Ceremony* aufnahm. Am nächsten Morgen sagte er mir beim Frühstück: »Du solltest trauriger singen!« Heute verstehe ich das. Ich glaube, in der Musik haben wir erst die Oberfläche der Gefühle angekratzt. Das ist erst der Anfang. Aber man braucht extrem viel Mut ... nein, Dringlichkeit, um aufrichtig von diesen Dingen zu reden. Und da der Markt nun mal ist, wie er ist, ist das noch viel schwieriger geworden. Es gibt sehr tiefe Gefühle, aber die lassen sich nicht umsetzen, ich kenne keine wirklich großen Songs. Wenn ich nicht tief genug vorgedrungen bin, dann weil ich Angst hatte. Mir fehlte der Mut oder die Fähigkeit dazu. Ich muss immer tiefer vordringen, immer tiefer. Entweder das, oder man sollte den Mut haben, an der Oberfläche zu bleiben, so wie Fats Domino, wie andere schwarze Sänger, wie Bluessänger: »Everybody wants to laugh, nobody wants to cry / Everybody wants to go to heaven, nobody wants to die.« [»Alle wollen lachen, niemand will weinen / Alle wollen in den Himmel, niemand will sterben.« »Everybody Wants to Go to Heaven«, Song von Don Nix, berühmt geworden durch Alfred King.] Das ist oberflächlich und zugleich so tiefsinnig wie nur möglich. Man muss verdammt gut sein, um etwas so Einfaches hinzukriegen. Also entweder etwas möglichst Einfaches schreiben oder aber die wahre Geschichte des eigenen Lebens erzählen – das würde ich gern tun. Das ist mir mit meinen Songs bisher noch nicht gelungen, aber ich habe mein Bestes gegeben. Zu mehr war ich einfach nicht fähig. Aber immerhin war die Stimme wahrhaftig.

Wie hat man auf Ihr erstes Album reagiert?

Es war ziemlich erfolgreich. Vor allem in Europa, aber auch in den USA. Mir genügte das. Meine privaten Probleme waren so gewaltig geworden, dass ich mein Leben oder meinen Erfolg nicht mehr richtig einzuschätzen vermochte. Mein Privatleben ging den Bach runter. Was Erfolg bedeutete, verstand ich nicht. Ich war froh, dass ich meinen Lebensunterhalt verdienen konnte, dass meine Arbeit gut lief und dass ich Briefe von Leuten bekam, die in meinen Songs Trost gefunden hatten. Außerdem war es einfacher geworden, Frauen kennenzulernen. Doch genossen habe ich den Erfolg nicht. Man würde meinen, Erfolg erleichtere die Bewältigung persönlicher Probleme, aber bei mir funktioniert das nicht so.

Wieso sind Sie kurz danach nach Nashville gezogen?

Ich habe Country immer gemocht. Nashville war ja mein ursprüngliches Reiseziel gewesen, doch dann war ich in New York den Leuten begegnet, die den Folk wiederbelebt hatten. Einige Jahre später ging ich dann aber doch nach Nashville. Ich wollte auf dem Land leben. Ein Freund, Bob Johnston, der mein zweites und mein drittes Album [*Songs from a Room*, 1969 / *Songs of Love and Hate*, 1971] produziert hat, kannte Boudleaux Bryant, den Autor so toller Songs wie »Bye Bye Love« und anderer Hits der Everly Brothers. Für fünfundsiebzig Dollar im Monat hatte er eine Hütte zu vermieten, samt 1500 Hektar Land und einem Bach. Die habe ich genommen. Ich hatte ein Pferd, einen Jeep, einen Karabiner, Cowboystiefel, eine

Freundin, eine Schreibmaschine und eine Gitarre. Mehr brauchte ich nicht.

Verstehen Sie, warum man es Ihnen zum Vorwurf gemacht hat, nach dem Putsch der Generäle 1967 weiter nach Griechenland gefahren zu sein?

Na ja, zu jener Zeit bin ich nicht mehr regelmäßig hingefahren … Ich verstehe, dass man es als Verrat empfinden konnte, dass jemand Urlaub in einem Land machte, in dem Faschisten an der Macht waren. Aber ich sah das anders: Ich hatte dort ein Haus, Freunde; dort zu sein, war kein Zeichen der Kollaboration. Im Gegenteil.

Wie haben Sie reagiert, als man Sie auf der Bühne beschimpft hat, zum Beispiel 1970 in Aix-en-Provence, während Ihrer allerersten Frankreich-Tournee? Jemand rief: »Faschist«, und es flogen Flaschen auf die Bühne.

Im Publikum gab es eine Art maoistischen Aufruhr. Manche Leute fanden, die Konzerte sollten gratis sein. Die sahen mich wohl als Vertreter eines dekadenten politischen Systems. Ich glaube sogar, dass auf mich geschossen wurde. Sicher sind wir nie gewesen, aber es klang jedenfalls danach. Flaschen, Schüsse. *(Lacht.)* Beleidigungen – was soll man da machen? Weitersingen! Ich sagte ihnen: »Hört mal zu. Wir sind hier fünf Leutchen auf der Bühne. Ihr seid zweitausendfünfhundert. Wenn es euch nicht passt, holt euch das Mikro. In der Zwischenzeit singen wir weiter.« Ich dachte, das würde schon werden. Und wir fühlten uns wohl. Wir waren zu Pferd vom Hotel aus zur Bühne geritten, wir waren nachts durch die Landschaft geritten. Es war eine schöne Nacht, und die anderen kamen aus Texas und Tennessee. Wir fühlten uns unverwüstlich. Wir banden die

Pferde hinter der Bühne an und gingen hinaus, um Lieder zu singen. Doch das hat ein paar Leuten nicht gepasst ... Ich versuchte, es nicht zu ernst zu nehmen, ich wollte einen Aufstand vermeiden.

Als Sie angefangen haben, wie haben Sie sich da als Sänger eingeschätzt?

Während ich, noch unbefangen, meine erste Platte komponiert habe, glaubte ich, singen zu können. Später hat man mir immer wieder das Gegenteil gesagt. Nach meinem Konzert auf der Isle of Wight [1971] schrieb der *Melody Maker*: »Leonard Cohen ist eine alte Nervensäge, die am besten nach Kanada zurückkehren sollte, wohin sie gehört.«

Haben Sie da ans Aufhören gedacht?

Ich weiß nicht, warum ich damals nicht aufgehört habe. Ich habe einfach weitergemacht. Aber dann gingen mein Mut, meine Ambitionen, mein Selbstbewusstsein flöten. Es folgten lange Phasen der Depression. Mein Leben geriet völlig aus den Fugen.

Sie haben sich zu Ihrem dritten Album *Songs of Love and Hate* sehr kritisch geäußert, bis hin zur Verleugnung.

Das Album ist nicht schlecht, die Songs sind gut, aber damals war ich extrem selbstkritisch. Ich glaubte alles, was über mein Gekrächze gesagt wurde. Ich konnte meine Stimme nicht mehr ausstehen. Ich hörte aus meinem Gesang Schwäche und Selbstmitleid heraus. Mein Leben ging in die Brüche, und ich war unfähig, mich und mein Werk mit Milde zu betrachten. Ich hatte das abgrundtiefe Gefühl, gescheitert zu sein. Mir war nicht klar, dass das immer noch die Nachwirkung meiner Drogensucht war. Heute, im Rückblick, sehe ich, wie viel Zeit es mich gekostet hat, zu einem gewissen Gleichgewicht zurückzufinden.

Waren Liebeskummer oder berufliche Probleme der Grund für Ihre Depressionen?

Beides spielte mit hinein, war aber nicht die Ursache. Vielleicht waren sie der Auslöser. Diese tiefen Depressionen sind etwas zyklisch Wiederkehrendes.

In dieser Zeit wurden Ihre Kinder Adam und Lorca geboren. Wie haben Sie darauf reagiert?

Sobald Sie Kinder haben, stehen nicht mehr Sie im Mittelpunkt Ihres Lebens, Sie müssen aufhören, sich mit sich selbst zu beschäftigen. Wer sich auf ein Kind einlassen will, darf nicht mehr so sehr an sich selbst denken wie früher. Man ist nicht mehr die Hauptperson im Drama des eigenen Lebens, das im Licht dieser Bedürfnisse, dieser Dringlichkeit nur noch lächerlich wirkt. Mir wurde sofort klar, dass die Falle zugeschnappt war. Vaterschaft hat eine Menge wunderschöner Aspekte, keine Frage. Aber zweifellos geht das Selbstbild dabei zwangsläufig kaputt. Vieles daran missfiel mir. Ich war sehr egoistisch, dachte viel an mich, und ich war verärgert. Ich konnte mir nicht eingestehen, dass andere durchaus ein Recht auf meine Aufmerksamkeit hatten.

Wollten Sie etwas hinterlassen, dass jemand Ihr Erbe weitertragen würde?

O nein ... Ganz und gar nicht. Ich hatte keinerlei Bedürfnis nach Nachkommen. Eigentlich wollte ich keine Kinder.

Aber Suzanne [Elrod] wollte Kinder, und ich ließ mich darauf ein.

In Ihrer Gedichtsammlung *The Energy of Slaves* [1972] erklären Sie, Gedichte seien wirkungslos. Woher kam dieses Gefühl?

Ich glaube, das ist mein liebster kleiner Gedichtband, er lebt. Das erwähnte Gefühl ist nur eine Etappe des Wegs, der darin zurückgelegt wird. Seine Schönheit ist herb. »The poems don't love us anymore« ist ein schöner Satz. Das stimmt. Ungefähr zur selben Zeit schrieb mein Freund Irving Layton, Kunst sei nichts als Nagellack. Zu diesem Zeitpunkt galt die Kultur ganz allgemein als verrottet, alle kulturellen Veranstaltungen waren Blendwerk und bloße Alibiübungen. Schon damals war mir die Populärkultur viel lieber als die gelehrte, doch die Aussage ist sinnlos. Was soll das heißen: »Die Gedichte lieben uns nicht mehr«? Das hat nichts zu bedeuten, es lässt nur etwas anklingen. Gemeint ist, dass diese literarische Kultur uns nicht mehr ernährt, dass wir nicht mehr unser Leben leben können, wenn wir diesem Bild eines Lyrikers oder Schriftstellers entsprechen. Da ist einfach zu wenig dran. In einem meiner Gedichte sage ich: »When things went wrong / I didn't turn to drugs or teaching / I learned to write / Learned to write what might be read / On nights like these / By one like me.« [»Als es schiefging / Wandte ich mich nicht Drogen oder Lehren zu / Sondern lernte zu schreiben / Lernte, Dinge zu schreiben / Die in Nächten wie diesen / Gelesen werden könnten / Von jemandem wie mir.«] In diesem Buch grüße ich Menschen, denen es genauso geht. Doch selbstverständlich macht es nichts, wenn es Ihnen nicht genauso geht, das ist nicht Sinn und Zweck des Buchs.

Waren Sie nach Ihrem vierten Album *New Skin for the Old Ceremony* immer noch so unzufrieden mit Ihrem Gesang? Sie haben einmal erwähnt, diesem Album mangele es an Kraft, weil Sie damals schwach gewesen seien.

Auch das habe ich gesagt? Vermutlich habe ich das oft gesagt. Was man einer Platte gegenüber empfindet, hat nichts mit objektiver Realität zu tun, damit, ob sie tatsächlich gut oder schlecht ist.

Das war die Zeit des Jom-Kippur-Kriegs. Überraschend ist, aus Ihrem Mund so viele kriegerische Begriffe zu hören: »Krieg«, »Feind« ...

Vermutlich war ich kriegerisch gestimmt, führte ich einen Krieg gegen mich selbst ... »Field Commander Cohen«, »Lover Lover Lover«, »Who by Fire«, »There Is a War« – stimmt schon, da ist viel Kriegerisches dabei. Wann war das? 1973, 1974? Wenn Sie dann das nächste Album hören, werden Sie feststellen, dass ich mittlerweile außer mir bin vor Wut. Als 1973 der Jom-Kippur-Krieg ausbrach, habe ich mich als Freiwilliger gemeldet. Ich bin nach Israel gereist. Ich war damals in Griechenland, und ohne zu überlegen, bin ich nach Israel geflogen und habe meine Dienste angeboten. Wir hatten einen Jeep und fuhren so nah wie möglich an die Front, und wenn wir Verletzte fanden, sangen wir ihnen etwas vor ... Man darf nur weg, wenn Krieg herrscht. Normalerweise darf man nicht einmal das Haus verlassen. Das war also eine Ausrede, um weggehen zu können, keine Frage. Man darf nur aus dem Haus gehen, um Geld zu verdienen oder in den Krieg zu ziehen. Das ist legitim. Wenn Ihre Brüder angegriffen werden und Sie ein Verantwortungsbewusstsein haben, dann gehen Sie hin. Das war also Pflichterfüllung und Ausrede zugleich.

Für Schriftsteller und Lyriker ist religiöse Sprache ein einzigartiges Material. Sie verwenden sie oft …

Die Sprache und die Bilder sind sehr stark. Vor allem aber ist das ein Bilderschatz, den wir mit der gesamten Kultur teilen. Um über etwas zu sprechen, greift man zum passendsten Werkzeug, in diesem Fall zu den Bildern, die uns allen vertraut sind. Es gibt keinen Grund, sie zu verachten; ich hatte nicht vor, Religiosität zu kritisieren, ich habe nichts gegen Religiosität, habe sie nie als etwas außerhalb meiner selbst empfunden. Ich habe sie nie als unterdrückend erlebt, als tyrannisch oder als Hindernis auf dem Weg zu etwas, das ich empfinden oder tun wollte. Ich hatte keinerlei Bedürfnis, sie abzulehnen. Ich hatte vielmehr Lust, sie auf meine eigene Weise zu verwenden, das ist so eine üppige Quelle, all diese Geschichten, die wir alle kennen. Von David bis Jesus, diese Vorstellung von einem Gesetz, von Offenbarung, einem heiligen Leben, einer messianischen Bestimmung. Diese ganze Poesie stand mir zur Verfügung.

Glauben Sie, Menschen, die von religiösen Dingen keine Ahnung haben, verpassen etwas?

All diese religiösen Ausdrucksformen sind Metaphern für Ängste und Mysterien der Liebe, für tiefe menschliche Nöte und Bedürfnisse. Geht eine bestimmte Tradition zu Ende, dann können Sie sicher sein, dass sich andere Metaphern entwickeln werden. Was mich betrifft, so habe ich all diese biblischen Metaphern gelernt, die ausgesprochen nahrhaft sind. Die dazugehörenden Traditionen und Konventionen waren besonders reich, ich musste also gar nicht anderswo suchen gehen. Stehen sie einem nicht zur Verfügung, ist das kein Grund, alles auf dem Altar des Materialismus zu verbrennen. Jeder erreicht einmal einen Punkt, an dem er seinem Leben eine Bedeutung verleihen muss, Metaphern finden muss für den Sinn seines Lebens. Das kann durch eine Therapie geschehen, durch Meditation, Wohltätigkeit oder durch das Anhäufen von Reichtum … Egal, zu welchem Mittel man greift, die Absicht ist die gleiche: eine Metapher zu finden, die dem tiefen Bedürfnis entspricht, dem menschlichen Tun einen Sinn zu verleihen. Traditionell hat die Religion dieses Bedürfnis abgedeckt, aber wenn sie es nicht tut, dann tauchen andere Metaphern auf. Jeder ist ständig dabei, diese Metaphern zu untersuchen, mit ihnen zu ringen und sie zu korrigieren. Das ist nichts Definitives, das man ein für alle Mal besitzt, sondern etwas, das man immer weiter tun muss. Jeder revidiert auf seine Weise. Ich tue das, indem ich Songs schreibe.

Glauben Sie, man braucht ein besonderes Wissen, um von Ihren Gedichten oder Songs wirklich berührt zu werden?

Das glaube ich nicht. Wir alle wissen, dass David sang, um sein Gemüt zu besänftigen, wir alle wissen, dass Jesus an ein Kreuz genagelt wurde. Die Geschichten, die ich verwende, sind allgemein verständlich. Wenn ich das Wort »Wissen« höre, stehen mir die Haare zu Berge. Es gibt kein Wissen. Es gibt einen Satz, von dem ich nicht weiß, von wem er stammt: »I will build an altar from the broken fragments of my heart.« [»Aus den Bruchstücken meines Herzens werde ich einen Altar errichten.«] All diese Sachen sind irgendwie aus Hölzern und Steinen zusammengekleistert. Das ist keine edle Arbeit. Da werden keine Kathedralen gebaut, sondern bescheidene Unterschlupfe. Das ist schmutzige, niedrige Arbeit. Da wird weder Marmor noch Granit noch Silber oder Gold verwendet. Das wird sehr deutlich im ersten Kapitel der Bibel. Da steht, dass es am Anfang nur

Chaos und Trostlosigkeit gab und formlose Materie. Dann kam der Geist und schied das Festland vom Wasser. So hat es angefangen, da haben Sie die Metapher. Wenn Sie diesen Vers durchdringen, dann begreifen Sie, dass das Rohmaterial, aus dem man etwas schafft, einen Song oder sein Leben, keineswegs Marmor oder Gold sein muss. Man hat es vielmehr mit Chaos und Trostlosigkeit zu tun, das sind die Ausgangsmaterialien für einen Song oder ein Leben. Nicht Luxus ist der Ausgangspunkt, sondern Armut. Ich habe also keinen Respekt vor meinem Wissen, alles, was ich weiß, stimmt sowieso nicht und nützt mir also nichts für mein Leben und mein Schaffen. Deswegen weiß ich, dass es unnütz ist. Jeder eignet sich gewisse Techniken, ein gewisses Know-how an. Doch das Baumaterial, die DNS eines Songs oder des Lebens sind Chaos und Trostlosigkeit.

Hilft Gläubigkeit im Leben?

Ich sehe viele Leute, die ohne Glauben oder Traditionen aufgewachsen sind und die ihr Leben mit großer Eleganz und echter Weisheit bewältigen. Mir behagt der Gedanke nicht, dass es ein goldenes Zeitalter der Tradition gab und dass wir heute in Zeiten der Verdorbenheit und Dekadenz leben. Vielleicht ist dem so, aber um das zu beurteilen, müsste man drei oder vier Jahrhunderte lang leben. Ich jedenfalls weiß nicht, was geschieht, ich habe das nie gewusst. Manche Leute, manche Bücher scheinen das zu wissen, aber solche Bücher interessieren mich nicht. Sie haben den Reiz von Fiktionen, sie haben einen Plot. Aber ich glaube nicht, dass es einen Plot gibt.

Was hat Sie dazu bewogen, 1984 die Psalmensammlung *Book of Mercy* zu schreiben?

Diese Sprache zu sprechen, entsprang einer tiefen Notwendigkeit, man spricht sie nur, wenn man mit dem Rücken zur Wand steht, verzweifelt und in Bedrängnis ist. Alle unsere Wörter sind wichtig, aber »Barmherzigkeit« einerseits und »Urteil« andererseits sind die beiden extremen Pole der religiösen Erfahrung. In diesem Moment musste ich mich einfach so ausdrücken. Ich wollte aber auch die Tradition weiterführen, die mir vererbt wurde, eine bestimmte Sprechweise, die aus der Bibel stammt, aus den Psalmen, den heiligen Schriften. Ich wollte meine Dankbarkeit dafür ausdrücken, dieser Tradition ausgesetzt gewesen zu sein.

Wissen Sie denn jetzt, was um Sie herum geschieht?

Ich sehe nichts anderes als das, was geschieht. Ich weiß jedoch nicht, wie ich es einschätzen soll. Ich begreife ja nicht einmal das Wichtigste, was ich im Leben tue, das Schreiben von Songs. Willen, Energie, Mut, Know-how und seelisches Gleichgewicht – ich weiß nicht, woher diese Eigenschaften kommen, die uns erlauben, dem Chaos und der Trostlosigkeit entgegenzutreten. Das Einzige, was ich weiß, ist, dass ich unfähig bin zu begreifen, wie meine wichtigste Aktivität im Leben überhaupt funktioniert. Wie also sollte ich da kapieren, wie das Universum funktioniert?

Aber als Sie 1974 einen Song wie »There Is a War« schrieben, da wussten Sie doch, was gerade geschah.

Am Anfang steht dieses Bedürfnis, die Stimme zu erheben, zu sprechen, Töne hervorzubringen. Dann nehmen Sie eben, was gerade zur Hand ist, wie ein Kind Bauklötze nimmt und daraus ein Haus baut. Zu den Bauklötzen, die da sind, gehören: Männer und Frauen, Krieg und Frieden,

Liebe und Tod, Begehren und Verlust. Das sind Wörter, mehr nicht. »There is a war between the rich and the poor« [»Es herrscht Krieg zwischen Reichen und Armen«] – wer ist reich, und wer ist arm? Wäre der Song gut, dann würde er diese Frage aufgreifen … Meistens können wir nicht reden. Meistens können wir nicht singen. Meistens fehlen uns die Worte. Ab und zu fällt einem etwas ein: »Democracy is coming to the USA« [»Die Demokratie kommt in die USA.« »Democracy«, *The Future*, 1992] … Dann kann man fragen: »Was willst du damit sagen? Dass Amerika zurzeit keine demokratische Gesellschaft ist? Ist das eine Kritik an Amerika? Ist das ein Traum? Ist das eine optimistische Projektion? Wird hier protestiert oder etwas gutgeheißen?« Das ist unwichtig. Denn die Gelegenheiten, bei denen einem etwas so Gewichtiges und Bedeutungsvolles einfällt, sind so selten und kostbar, dass man es einfach hinnimmt. Das ist, als würde Ihnen jemand ein Sandwich reichen, während Sie am Verhungern sind. Sie nehmen es, obwohl es Ihnen vielleicht gar nicht schmeckt. »Democracy is coming to the USA« finde ich übrigens nicht besonders gut.

Wie ist heute Ihr Verhältnis zum jüdischen Glauben? Gehen Sie noch in die Synagoge?

Nein. Ich gehe weder hin noch denke ich daran. Ich mag die Kerzen in der Abenddämmerung am Freitag. Ich breche Brot und trinke Wein.

Und wie haben Sie Ihre Kinder in dieser Beziehung erzogen?

Ich habe ihnen die Geschichten erzählt, die Gebete beigebracht, ich habe ihnen gezeigt, wie man die Kerzen anzündet, ich habe ihnen das Wichtigste über die hohen Feiertage gesagt, mehr nicht. Und ich feiere mit ihnen. Sie sind jetzt im Teenageralter, also sehr beschäftigt. Die haben anderes zu tun, als sich um solche Dinge zu kümmern. Doch sollten sie sich eines Tages darum kümmern, dann werden sie immerhin ein paar Anhaltspunkte haben.

Warum leben sie in Paris?

Suzanne Elrod, die Mutter meiner Kinder, ist Amerikanerin, und sie hat sich dafür entschieden, in Frankreich zu leben. Es ist gut, dass sie dort aufwachsen, ich wollte immer, dass sie zweisprachig sind … Ich genieße das Zusammensein mit ihnen, die Gespräche. Natürlich mache ich mir ständig Sorgen. Im Gegensatz zu meinen Kindern hatte ich ein sehr intensives Familienleben. Onkel, Tanten, Cousins und Cousinen, regelmäßige Treffen, jeden Freitagabend im Haus meiner Großmutter. Samstags und sonntagnachmittags bei anderen Verwandten. Aber ich habe trotzdem noch das Gefühl, ein intensives Familienleben zu haben, mit den Menschen, die zu meinem Leben gehören.

Sprechen Sie mit Ihren Kindern über Ihre Alben?

Meine Kinder können alle Texte auswendig und zitieren sie mir gegenüber. Mein Sohn, der sich ganz der Musik widmen möchte, vor allem der schwarzen, hat eine sehr gute Version von »Tower of Song« [*I'm Your Man*, 1988] eingespielt. Sie reden nicht kritisch darüber, sie sagen einfach, was ihnen gefällt, wir sprechen eher über andere Musikrichtungen.

Bob Dylan widmete Ihnen 1976 sein Album *Desire* mit den Worten: »This is for Leonard, if he's still there.« Verschwinden Sie gern aus der Öffentlichkeit?

Das scheint meinem Lebensrhythmus zu entsprechen. Ich brauche viel Zeit, um ein Werk zu schaffen, und wenn es fertig ist, gehe ich damit auf Tournee und singe die Songs. Wenn die Tournee zu Ende ist, gehe ich nach Hause und mache etwas Neues. Da steckt keine große Strategie dahinter, das ist einfach mein Rhythmus. Es ist nicht so, dass ich mit dem Publikum ein Versteckspiel treiben möchte. Ich habe anderes zu tun.

Wer ist auf dem Cover von *Death of a Ladies' Man* [1977] zu sehen?

Die Frau rechts ist die Mutter meiner Kinder, die links Eva LaPierre, eine Freundin von uns. Das Foto wurde in einem polynesischen Restaurant in Montreal von einem dieser Fotografen aufgenommen, die von Tisch zu Tisch gehen und die Gäste ablichten … Ich mag die Lieder auf dieser Platte, aber ich wusste nicht recht, wie ich sie singen sollte. Heute würde ich sie anders singen. Und dann gab es Probleme bei der Produktion. Es war schwierig, mit Phil Spector zu arbeiten.

Aber Sie wussten doch, dass er den Ruf hatte, größenwahnsinnig und exzentrisch zu sein.

Ich kannte seine Songs, ich mochte sein Werk sehr, aber ich wusste nicht, wie es ist, mit ihm im Studio zu arbeiten. Er hatte eines meiner Konzerte im Troubadour in Los Angeles besucht. Danach hatte er uns zu sich eingeladen. Die Klimaanlage war so eingestellt, dass es eiskalt war in seinem Haus, vier Grad. Er sperrte die Tür mit dem Schlüssel zu, es gab kein Entrinnen. Ich sagte: »Hör mal, Phil, so ist das langweilig. Wollen wir nicht lieber zusammen ein paar Songs schreiben?« So fing das also an jenem Abend an, und es dauerte ungefähr einen Monat. Es war sehr angenehm, denn Phil ist sehr charmant, wenn man mit ihm allein ist. Ich schrieb die Texte, er arbeitete an den Songs, dann überarbeitete ich den Text, damit er zur Melodie passte, und so ging das zwischen uns hin und her. Im Studio hingegen, sobald andere Leute dabei waren, wurde er ein ganz anderer Mensch. Er ist eigentlich nett, gibt sich aber gern gewalttätig. Überall waren Feuerwaffen zu sehen, er hatte bewaffnete Leibwächter, der Boden war übersät mit Patronen und Weinflaschen … Ich würde nicht sagen, dass Phil liebenswürdig war, aber er war nicht bedrohlich. Bis auf ein einziges Mal: Da hielt er mir einen Revolver unten an den Hals, spannte den Hahn und sagte: »Ich liebe dich, Leonard.« – »Das will ich doch hoffen, Phil«, sagte ich. Im Studio richtete er den Revolver einmal auf den Geiger, der darauf sein Instrument einpackte und davonrannte. Aber auch abgesehen von Phil war das eine schlimme Zeit: Meine Mutter lag im Sterben, Leukämie, und ich war ständig unterwegs zwischen Montreal und Los Angeles.

Sie haben gesagt, Sie hätten gehofft, Phil Spector in seiner Debussy-Phase zu erleben, doch stattdessen sei er in seiner Wagner-Phase gewesen …

Ja, er hatte eine Atmosphäre geschaffen, in der es sich unmöglich arbeiten ließ. Als die Platte herauskam, mochte ich sie überhaupt nicht; mittlerweile hat sie für mich einen gewissen Charme. Sie ist glänzend orchestriert, aber der Gesang gefällt mir nicht. Das waren alles erste Takes … Phil war damals in einer sonderbaren Verfassung. Ich war nicht da, als er das Album abmischte. Er hat das heimlich getan: Jeden Abend hat er alle Bänder beschlagnahmt …

Ich konnte nichts daran machen. Er gab der Plattenfirma das fertige Album, ich durfte nur Ja oder Nein sagen …

Und das ist längst nicht alles! Es gab einen Moment, da überlegte ich mir, ob ich mir ebenfalls Leibwächter zulegen sollte, damit sie die Sache auf dem Sunset Boulevard mit Phils Leibwächtern ausmachen konnten! Ich habe ihn nie wiedergesehen. Er lebt zurückgezogen. Ich auch. Wir haben miteinander telefoniert, und ich habe ihm als Versöhnungsgeschenk rote Hosenträger geschickt.

Auf diesem phantastischen, leider völlig unterschätzten Album fällt einer Ihrer furchtbarsten Sätze. Im Song »I Left a Woman Waiting« heißt es: »Whatever happened to my eyes / Happened to your beauty.« [»Was mit meinen Augen passiert ist / Ist mit deiner Schönheit passiert.« Vorher hat die Frau festgestellt, dass seine Augen tot sind.] Erschrecken Sie nie vor der Grausamkeit in einigen Ihrer Texte?

Da gibt es noch ganz andere! Das ist ein guter Satz. Mehr kann ich dazu nicht sagen. Die Wörter fallen einem ein, und man macht damit, was einem richtig erscheint.

1977 war auch das Jahr, in dem der Punk explodierte, der sich besonders gegen die ältere Generation richtete. Wie haben Sie damals reagiert?

Ich war immer auf dem Laufenden darüber, was sich in der Musik tat, aber ich bin immer meinen eigenen Weg gegangen … Ich mochte Punk, schätzte ihn. Und ich glaube, die haben mich gemocht. Ich verstand ihre Haltung, auch ich hatte oft Lust, alles kaputt zu machen. Das ist sehr spürbar im Buch *The Energy of Slaves*.

Auf dem Album *Various Positions* von 1984 hat sich Ihre Stimme erneut verändert: Sie klingt tiefer als je zuvor.

Ja, damals hatte ich mehr Selbstvertrauen.

Haben Sie nach diesem Album und dem folgenden, *I'm Your Man* von 1988, das Gefühl, dass sich die Dinge etwas beruhigt haben?

O ja … Obwohl es mir während der Aufnahmen von *I'm Your Man* nicht gut ging, aber ich bin gestärkt daraus hervorgegangen. Ich habe mittlerweile das Gefühl, mir besser helfen zu können, wenn ich zusammenzubrechen drohe.

Haben Sie das Gefühl, anders als andere zu sein?

Gehen Sie in eine Bar, trinken Sie ein Glas mit dem Typen neben Ihnen … Alle Leute, denen ich je begegnet bin, haben immer von den gleichen Dingen gesprochen: der Suche nach Liebe, der verlorenen Liebe, Herausforderungen, an denen sie gescheitert sind, Dingen, auf die sie stolz sind, Menschen, von denen sie verraten wurden, und Menschen, die treu geblieben sind. Das macht unser Leben aus. Ich bin noch keinem Menschen begegnet, dessen Innenleben völlig anders war als meines.

Können Sie eine gewisse Eitelkeit an sich akzeptieren? Ist ein gewisser Überfluss nötig? Man hat den Eindruck, Sie hätten beides aus Ihrem Leben gestrichen.

Ich mag beides gern! Glauben Sie etwa, dass Komfort und Glück mich nicht interessieren? Freude ist etwas Schönes. Aber über mein Wesen habe ich keine fixe Meinung, denn es verändert sich ständig. Ich interessiere mich nicht besonders dafür, wer oder was ich bin.

Wann haben Sie Buddhismus und Zen für sich entdeckt?

Ich habe sie nicht für mich entdeckt, sie interessieren mich nicht sonderlich. Aber vor zwanzig Jahren bin ich einem Mann begegnet, den ich sehr geschätzt habe. Er war älter als ich, er schien manche Dinge zu wissen. So zum Beispiel, wie man trinkt. Von ihm habe ich zu trinken gelernt. Zufälligerweise war der Mann ein alter Zen-Meister. Buddhismus interessiert mich kein bisschen, Zen interessiert mich kein bisschen. Was mich interessiert, ist mit meinem alten Freund zu trinken und mit ihm zusammen zu sein. Und ich setze mich morgens gern in den Meditationsraum, weil es dort kein Telefon gibt, angenehm nach Weihrauch riecht, sehr still ist und ich mich dort an meinem Stück Holz festhalten kann. Man kann dort sein Ich studieren: Wie es sich erhebt und wie es sich auflöst. Doch was die buddhistischen Theologen dazu zu sagen haben, interessiert mich nicht die Bohne.

Worüber sprechen Sie mit diesem Mönch?

Er spricht kein Englisch, es wäre also sehr schwierig, theologische Gespräche mit ihm zu führen. Er sagt mir: »Kennst du den Unterschied zwischen den Cognacsorten Rémy Martin und Courvoisier? Hm, Rémy Martin schmeckt vielleicht etwas weiblicher.« Das ist die Art Gespräch, die wir führen. Ich glaube, er mag Religiosität nicht besonders. Es fällt ja auch schwer, keine Aversion gegen Religiosität zu haben, wenn man sieht, was sie bei den Leuten anrichtet, wie selbstgefällig manche werden, wie sie Menschen entzweit. Ganz allgemein kann man sagen, dass Religiosität etwas unangenehm riecht. Die Liebe zu Gott hingegen ist etwas anderes ... Mindestens zweimal jährlich gehe ich auf den Mount Baldy. Dort gibt es ein

Zen-Kloster. Man verbringt die Tage mit Meditation und körperlicher Arbeit in der Küche, im Garten, man gräbt um, man malt etwas. Von Zeit zu Zeit bin ich gern Teil einer Gemeinschaft. Man muss nichts beachten, man verbringt den Tag ohne Theologie und ohne Dogmen. Man führt ein streng nach innen, nicht nach außen gerichtetes Leben. Man steht um drei Uhr morgens auf, setzt sich zwei Stunden lang in den Meditationsraum, macht Frühstück, macht sauber, malt, arbeitet im Garten, dann setzt man sich wieder in den Meditationsraum. Man studiert das Ich, wie es einem passt, mithilfe eines Lehrers, aber ohne Theologie.

Empfinden Sie es als Luxus, so zu leben, losgelöst von materiellen Dingen?

Ich muss für den Unterhalt meiner Familie aufkommen, ich habe Freunde, teure Keyboards und muss die Miete für mein Auto bezahlen. Ich bin keineswegs losgelöst von materiellen Dingen. Aber sie beschäftigen mich nicht Tag und Nacht. Ich versuche, ein einfaches Leben zu führen. Das hat nichts mit Tugend zu tun, es macht mir eben Freude, nicht zu viele Dinge zu besitzen. Denn wenn Sie viele Dinge besitzen, müssen Sie sich darum kümmern, und das mag ich nicht. Einfach zu leben ist ein großer Luxus, stimmt, man braucht viel Geld dafür. Mein letztes Album hat sich gut verkauft, aber die Alben davor haben sich praktisch nicht verkauft. Ich musste immer kämpfen, habe immer finanzielle Sorgen gehabt. Doch ich habe auch ein sehr privilegiertes Leben geführt, hatte viel Glück, das will ich nicht bestreiten. Ich konnte meine Arbeit machen und wurde dafür gut bezahlt. Ich kann mich nicht beklagen über das Leben, das ich geführt habe. Ich sehe Leute, die mindestens so hart arbeiten, die in Bolivien in

Minen arbeiten und nicht so gut bezahlt werden wie ich. Ich arbeite ebenso viele Stunden wie sie, aber ich werde viel besser bezahlt. In unserer Gesellschaft wird man nicht dazu angehalten, so hart zu arbeiten. Es wäre mir lieber, es nicht zu tun.

Müssen Sie sich zur Arbeit zwingen?

Nein, darüber bin ich längst hinaus, denn es ist Sklavenarbeit. Dem Sklaven bleibt ja nichts anderes übrig. Auch ich versuche manchmal zu entkommen, aber sie fangen mich wieder ein, legen mir wieder Ketten an und zwingen mich an den Tisch, so wie meine Songs mich an den Tisch fesseln! Siebenundzwanzig Engel fesseln mich an den Tisch, wie ich es in »Tower of Song« beschrieben habe. Ich bin jetzt ein alter Sklave, ich versuche nicht mehr so oft zu flüchten. Ab und zu werde ich krank. Dann zwingen sie mich nicht zum Arbeiten, sondern lassen mich durchs Haus irren.

Was tun Sie zur Ablenkung? Sehen Sie fern?

Ich muss viel fernsehen. Fernsehen ist Nahrung für mich. Wenn ich den ganzen Tag gearbeitet habe, erlauben sie mir abends, eine Zeit lang fernzusehen. Das ist hervorragend, um einzuschlafen. Es ist so langweilig, dass man von selbst einschläft. Man wird ein bisschen süchtig danach, aber nicht so sehr wie nach Schlafmitteln.

Zu guter Letzt: Was tun Sie tatsächlich hier in Los Angeles?

Mein alter Freund, der, der mir das Trinken beigebracht hat, ist sehr alt und gebrechlich. Ich bin hier, um am Ende seines Lebens in seiner Nähe zu sein … Außerdem mag ich es, wenn nichts passiert. Ist denn das Geringste passiert, seit wir beide hier sitzen?

Aus dem Französischen von Thomas Bodmer

IM TURM DES GESANGS

Im Gespräch mit Paul Zollo, 1992

Arbeiten Sie ständig an Ihren Songs oder schreiben Sie immer nur für bestimmte Projekte?

Nein, ich schreibe die ganze Zeit. Und während die Songs Gestalt annehmen, mache ich nichts anderes als schreiben. Ich wünschte, ich würde zu den Leuten gehören, die ihre Songs schnell schreiben. Tue ich aber nicht. Ich brauche sehr viel Zeit, um herauszufinden, mit was für einem Song ich es zu tun habe. Ich arbeite also fast die ganze Zeit.

Mit was für einem Song Sie es zu tun haben ... Meinen Sie das in Bezug auf die Bedeutung, wohin die Bedeutung Sie führt?

Ja. Mir kommen erst einfache Versionen in den Sinn. Mag sein, dass die als Songs bestehen können, aber ich kann sie nicht singen. Um also einen Song zu finden, den ich singen kann, um mein Interesse zu wecken, um meine Langeweile mit mir selbst und mein Desinteresse an meinen eigenen Ansichten zu überwinden, um diese Barrieren zu überwinden, muss der Song mit einer gewissen Dringlichkeit zu mir sprechen. Und dafür bedarf es etlicher Versionen, und es muss viel freigelegt werden.

Meinen Sie damit, dass Sie versuchen, über Ihre unmittelbare Gedankenwelt hinauszugelangen?

Die unmittelbare Gedankenwelt ist bei mir bürokratisch strukturiert und ähnelt einem Verkehrsstau. Mein normaler Geisteszustand sieht aus wie das Wartezimmer beim TÜV. Oder, wie ich es in einem Vierzeiler ausdrücke: »The voices in my head / They don't care what I do / They just want to argue the matter / through and through.« [»Die Stimmen in meinem Kopf / Kümmert nicht, was ich tue / Sie wollen einfach / Endlos diskutieren.«]

Um also dieses Stimmengewirr, diese sinnlose Debatte, die meine Aufmerksamkeit fast gänzlich beansprucht, hinter mir zu lassen, muss ich mir etwas einfallen lassen, das wirklich mein tiefstes Interesse anspricht. Ansonsten döse ich einfach weg. Um diesen Song, diesen dringlichen Song, zu finden, bedarf es also vieler Versionen, und das kostet viel Arbeit und viel Schweiß.

Aber warum sollte ich nicht hart arbeiten? Das müssen doch fast alle. Man wird von dieser Vorstellung aus dem Konzept gebracht, dass es so etwas wie Inspiration gibt, dass sie sich schnell und mühelos einstellt. Manche Leute haben das Glück, dass es bei ihnen tatsächlich so ist. Ich nicht.

Sie sind also kein Autor, dem Ideen einfach so kommen?

Ich habe schon sehr, sehr lange keine Idee mehr gehabt. Und ich bin nicht einmal sicher, ob ich jemals eine hatte.

Mein Freund Irving Layton, der große kanadische Schriftsteller, hat mal gesagt: »Leonards Geist ist nicht durch eine einzige Idee verunreinigt«, und das war eine Art Kompliment. Er ist ein guter Freund, er kennt mich, und es stimmt. Ich habe keine Ideen. Ich spekuliere nicht groß über Dinge. Ich entwickle Ansichten, hänge aber nicht wirklich an ihnen. Die meisten sind fade. Ich muss sie von Zeit zu Zeit in Gesprächen vorbringen, um am Abenteuer des Sozialen teilzunehmen. Aber ich habe eine Art Amnesie, und meine Ideen schweben einfach über diesem tiefen Desinteresse an mir selbst und anderen Menschen. Um also etwas zu finden, das meine Aufmerksamkeit wirklich erregt und fesselt, muss ich harte manuelle Arbeit leisten.

Worin besteht diese Arbeit?

Aus Versionen. Ich nehme Sie gleich mit ins obere Stockwerk und zeige Ihnen Version um Version um Version einiger der Songs auf dem aktuellen Album [*The Future*, 1992].

Sie haben ganze Notizbücher voll mit Songs?

Ganze Notizbücher. Ich bin sehr glücklich darüber, auf diese Weise mit anderen Leuten meines Gewerbes sprechen zu können. Vielleicht finden es ja manche Leute ermutigend zu sehen, wie langsam und kläglich und mühsam der Prozess ist.

Zum Beispiel begann der Song »Closing Time« mit einem Dreivierteltakt und einem wirklich starken, nostalgischen, melancholischen Country-Gefühl. Ein völlig anderer Text.

»The parking lot is empty / They switch off the Budweiser sign / It's dark from here to San Jobete / It's dark all down the line / They ought to hand the night a ticket / For speeding, it's a crime / I had so much to tell you / Yeah, but now it's closing time.« [»Der Parkplatz ist leer / Sie schalten das Budweiser-Schild aus / Es ist dunkel von hier bis San Jobete / Das Dunkel kennt keine Grenze / Sie sollten der Nacht ein Bußgeld verhängen / Für zu schnelles Fahren / Was ein Verbrechen ist / Ich hatte dir so viel zu erzählen / Ja, aber jetzt machen sie den Laden zu.«]

Dann habe ich den Song aufgenommen und gesungen. Es verschlug mir die Stimme. Auch wenn ein anderer Sänger das perfekt hätte singen können. Es ist ein absolut vertretbarer Song. Sogar ein richtig guter, würde ich sagen. Ein sehr solider Song. Aber mir hat es die Stimme verschlagen.

Nichts daran hat mein Interesse geweckt. Es war befriedigend, den Song fertig zu schreiben, weil das immer befriedigend ist. Aber als ich ihn zu singen versuchte, wurde mir klar, dass er aus Langeweile entstanden war und nicht aus Interesse.

Er war da allein wegen meines Wunsches, ihn fertigzustellen, und nicht aufgrund der Dringlichkeit, eine Form zu finden, die mich wirklich fesselte.

Also machte ich mich wieder an die Arbeit und füllte ein weiteres Notizbuch von der ersten bis zur letzten Seite mit Strophen, oder Strophenversuchen, die dann zu dem Liedtext führten, der es aufs Album geschafft hat. Die meisten [meiner Songs] haben eine ähnlich klägliche Geschichte wie dieser Song.

Schreiben Sie generell erst die Melodie und arbeiten dann längere Zeit am Text?

Sie werden zusammen geboren, sie kämpfen zusammen, und sie beeinflussen sich gegenseitig. Wenn der Text in einer Zeile überarbeitet wird, kann die Melodie die neue Nuance oder Bedeutung natürlich nicht mehr tragen. Meistens muss also die Musik dort verändert werden, was aber auch bedeutet, dass die folgenden Takte verändert werden müssen, was bedeutet, dass der Text auch dort verändert werden muss – das ist also ein gekoppelter und mühsamer und langwieriger Prozess.

Beginnen Sie mit einer Textidee?

Es beginnt mit dem Bedürfnis, meine Selbstachtung zu finden. Um den Tag zu erfüllen. Damit der Tag nicht in Schulden versinkt. Damit fängt es an.

Arbeiten Sie auf der Gitarre?

Bisher war es die Gitarre, diesmal waren es aber Keyboards.

Hat das Instrument Einfluss auf den Song, den Sie schreiben?

Da gibt es sicherlich einen Einfluss. Ich verfüge über nur einen einzigen Skill. Alle Gitarristen haben mehrere Skills. Besonders die professionellen. Aber ich habe nur einen einzigen. Und den können nur sehr wenige Gitarristen nachahmen. Ich bekomme daher eine Art zweifelhaften Respekt von Gitarristen, weil sie wissen, dass ich einen Skill habe, den sie nicht hinbekommen. Und dieser Skill war die Grundlage für viele meiner guten Songs.

Am Keyboard kann ich, weil man Patterns und Rhythmen einstellen kann, die Songs auf eine Art entwerfen, wie es mit der Gitarre nicht geht.

Es gab diese Rhythmen, die ich zwar im Kopf hatte, aber auf meinem Instrument nicht nachbilden konnte. Also hat es das Songwriting schon ziemlich verändert.

Songs auf diese Weise zu schreiben, kann sowohl befreiend als auch einschränkend wirken. Man hat einen festgelegten Rhythmus, aber die Hände frei, weil das Gitarrenspiel wegfällt.

Na ja, »Freiheit« und »Einschränkung« sind nichts als luxuriöse Begriffe für jemanden, der in einem Verlies im Tower of Song, im Turm des Gesangs, eingesperrt ist. Es sind nur … Begriffe. Ich empfinde weder Einschränkung noch Freiheit. Ich empfinde es als Arbeit, als harte Arbeit.

Können Sie diese harte Arbeit je genießen?

Sie hat einen gewissen Nährwert. Sie stärkt die Muskulatur des Geistes. Das verleiht dem Schritt eine gewisse Sicherheit, wenn man durch die düstere Landschaft der eigenen Gedankenwelt streift. Sie verleiht dem Tun eine bestimmte Klangfarbe. Aber die meiste Zeit ist es nur harte Arbeit.

Ich glaube allerdings, dass Arbeitslosigkeit eines der großen Leiden der Menschheit ist. Auch Menschen mit Arbeit sind arbeitslos. Im Grunde sind die meisten Menschen mit Jobs arbeitslos. Ich kann froh und dankbar sagen, dass ich vollbeschäftigt bin. Vielleicht bedeutet, hart zu arbeiten immer, vollbeschäftigt zu sein. Bei uns herrscht das Gefühl vor, dass es schlau ist, nicht zu arbeiten. Abzocker und Betrüger stehen in unserem Wertesystem ziemlich gut da. Und wahrscheinlich würde ich, wenn ich bei meiner Arbeit auf Abzocker oder Betrüger setzen könnte, diese Haltung auch vertreten. Aber ich bin Malocher. Ich brauche mehrere Monate in Vollbeschäftigung, um den Code eines Songs zu knacken. Um herauszufinden, ob der Song überhaupt einer ist.

Wenn Sie daran arbeiten, diesen Code zu knacken, ist das ein Prozess des aktiven Nachdenkens darüber, was der Song aussagen soll?

Es kommt alles zum Einsatz, womit ich ihm dienen kann. Nachdenken, Meditation, Alkohol, Resignation, Schlaflosigkeit, Urlaub …

Denn sobald der Song in die Mühle kommt, wird er von allem bearbeitet, was ich mobilisieren kann. Und ich brauche dafür alles. Ich versuche alles. Ich versuche, ihn zu ignorieren, ihn zu verdrängen, high zu werden, mich zu betrinken, nüchtern zu werden. Alle Versionen von mir, die ich heraufbeschwören kann, werden herbeigerufen, an diesem Projekt mitzuarbeiten, Teil der Belegschaft zu werden.

Funktioniert Ihrer Erfahrung nach eines dieser Mittel besser als andere?

Nichts funktioniert. Wenn man lang genug bei einem Song bleibt, wird er irgendwann nachgeben. Aber »lang genug« ist weit länger, als jede vernünftige Schätzung des »lang genug« lauten würde. Eigentlich ist »lang genug« weit jenseits. Es bedeutet, die Vorstellung davon aufzugeben, was »lang genug« heißen könnte.

Wenn man denkt, es sei eine Woche, ist das nicht lang genug. Wenn man denkt, es sei ein Monat, ist das nicht lang genug. Wenn man denkt, es sei ein Jahr, ist das nicht lang genug. Wenn man denkt, es sei ein Jahrzehnt, ist das nicht lang genug.

An »Anthem« habe ich ein Jahrzehnt geschrieben. Und ich habe es dreimal aufgenommen. Öfter. Ich hatte für mein letztes Album eine Version mit Streichern, allen Stimmen und Overdubs aufgenommen. Das Ding war komplett fertig. Ich hörte es mir an, irgendetwas stimmte mit dem Text nicht, irgendetwas stimmte nicht mit der Melodie, irgendetwas stimmte nicht mit dem Tempo. Irgendwo war da eine Lüge. Irgendetwas hatte ich mich geweigert preiszugeben.

Es fehlte Feierlichkeit. Irgendetwas stimmte nicht mit dem verdammten Ding. Ich wusste nur, dass ich es nicht singen konnte. Man konnte es im Gesang hören, dass der Typ einem was vormacht.

Ist »Anthem« in irgendeiner Weise eine Antwort auf Dylans Song »Everything is Broken« [*Oh Mercy*, 1989]?

In »Democracy« gibt es eine Zeile, die sich speziell auf »Everything is Broken« bezieht: »The singer says it's broken and the painter says it's gray.« [»Der Sänger sagt, es sei kaputt, und der Maler sagt, es sei grau.«] Aber, nein, »Anthem« wurde lange vor dem Dylan-Song geschrieben. Ich würde sagen 1982, aber in Wahrheit nahm der Song schon lange vorher Gestalt an.

Einschließlich des Teils über den »crack in everything«, den Riss in allem?

Der ist sehr alt. Er bildet den Hintergrund für einen Großteil meiner Arbeit. Ich hatte diese Zeile lange Zeit in Arbeit. Ich habe sie in vielen Songs wiederverwertet. Ich scheine es nie ganz zu treffen.

Sie sagten, Sie hätten keine Ideen, aber das ist zweifellos eine Idee.

Wenn ich sage, dass ich keine Ideen habe, meine ich damit, dass mir so etwas nicht in Form einer Idee kommt. Es kommt in Form eines Bildes. Ich habe nicht mit dem philosophischen Standpunkt begonnen, dass menschliches Handeln nicht perfektionierbar ist. Und dass alles menschliche Handeln fehlerbehaftet ist. Und wir erst durch das intime Verhältnis zu unseren Fehlern unsere wahre Menschlichkeit und unsere wirkliche Verbindung mit der göttlichen Inspiration erkennen. So bin ich nicht darauf gekommen. Ich sah etwas Zerbrochenes. Das ist eine andere Form der Erkenntnis.

Kommen Ihnen meistens Bilder so in den Sinn?

Na ja, alles kommt so verdammt langsam. Man hat etwas gefunden, aber dann ist da eine Zollstelle, und dort verlangen sie von einem etwas, was man nicht aufbringen kann.

Sie sagen: »Wir haben die Ware hier. Womit kannst du zahlen?« – »Nun, ich habe meine Intelligenz, ich habe einen Verstand.« – »Nein, wollen wir nicht.« – »Ich habe meine ganze Erfahrung als Dichter.« – »Nein, wollen wir nicht.« – »Ich kann ein paar Licks, ich kann ein bisschen was auf der Gitarre.« – »Nein, wollen wir auch nicht.« – »Nun, ich habe ein gebrochenes Herz.« – »Nein, wollen wir nicht.« – »Ich habe eine schöne Freundin.« – »Nein, wollen wir nicht.« – »Ich habe sexuelles Verlangen.« – »Nein, wollen wir nicht.« Ich habe diese ganzen Dinge, und der Zollbeamte sagt: »Das wird nicht reichen. Wir wollen dich in einem Zustand, den du nicht gewohnt bist. Und den du selbst nicht benennen kannst. Wir wollen dich in einem Zustand der Empfänglichkeit, den du nicht selbst herstellen kannst.« Wo soll man das hernehmen?

Wie lautet die Antwort?

(*Lacht.*) Ich weiß es nicht. Aber ich hatte Glück im Laufe der Jahre. Ich war bereit, den Preis zu zahlen.

Was hoch ist er?

(*Pause*) Schwer zu sagen. Schwer zu sagen, weil es sich ständig ändert.

Haben Sie das Gefühl, dass Sie über sich hinausgehen müssen, um an diese Songs zu kommen?

Wenn ich wüsste, wo die guten Songs herkommen, würde ich öfter dorthin gehen. Es ist ein mysteriöser Zustand, ähnlich wie das Leben einer katholischen Nonne. Man ist mit einem Mysterium verheiratet.

Empfinden Sie den Turm des Gesangs als Ort des Exils oder als Rückzugsort?

Ich glaube, man kann ihn als Rückzugsort benutzen, aber es funktioniert nicht. Man kann ihn sich am besten als Fabrik vorstellen, als Kombination aus Fabrik und Bordell. Aber es ist einfach nur der Turm des Gesangs.

Sie haben über die harte Arbeit gesprochen, die in Ihren Songs steckt, was zum Teil wohl mit dem Reichtum Ihrer Texte zu tun hat, und damit, dass Sie sehr lange Songs mit vielen Strophen schreiben. Ich kann mir vorstellen, dass andere Songwriter vielleicht zwei der Strophen von »Democracy« geschrieben und da aufgehört hätten.

Bei mir sind es ungefähr sechzig. Es gibt drei oder vier parallele Songs in dem Material. Ich sah, dass sich der Song auf drei oder vier verschiedene Arten entwickeln könnte, und es gibt auch tatsächlich drei oder vier Versionen von »Democracy«. Die, für die ich mich am Ende entschieden habe, schien mir die zu sein, die ich in diesem Moment singen konnte. Ich sprach darin an, was in Amerika vor sich ging.

Die Berliner Mauer war gerade gefallen, und alle sagten, die Demokratie hielte jetzt Einzug im Osten. Und ich war wie der düster gestimmte Typ, der auf der Party auftaucht und die Orgie ruiniert. Ich sagte also: »Ich glaube nicht, dass es so kommen wird. Ich glaube auch nicht, dass es eine gute Idee ist. Ich glaube, dass der Fall der Mauer zu viel Leid führen wird.« Aber dann fragte ich mich: »Wo hält die

Demokratie denn wirklich Einzug?« Und es waren die USA. Ich habe darüber aber Strophen geschrieben wie:

»It ain't coming to us European style / Concentration camp behind a smile / It ain't coming from the East / With its temporary feast / As Count Dracula comes strolling down the aisle …« [»Sie kommt zu uns aber nicht in der europäischen Version / Konzentrationslager hinter einem Lächeln / Sie kommt auch nicht aus dem Osten / Mit seinem vorübergehenden Gelage / Bei dem Graf Dracula den Gang hinabgeschlendert kommt …«]

Während alle frohlockten, dachte ich, dass das keine euphorischen Flitterwochen werden.

Die weltpolitischen Ereignisse waren also der Anlass für diesen Song. Und auch die Liebe zu Amerika. Denn ich glaube, die Ironie Amerikas scheint in dem Song durch.

Es ist kein ironischer Song. Es ist ein Song von großer Intimität und voller Affirmation für das Experiment der Demokratie in diesem Land. Dass wirklich hier der Ort ist, an dem das Experiment stattfindet. Wo die Rassen einander gegenüberstehen, die Klassen, die Geschlechter, sogar die sexuellen Orientierungen. Es ist das eigentliche Labor der Demokratie. Deshalb wollte ich dieses Gefühl auch in dem Song haben. Aber es ging darin auch um das Verhältnis zwischen den Schwarzen und den Juden.

Ich hatte zum Beispiel Strophen darin wie:

»First we killed the Lord and then we stole the blues / This gutter people always in the news / But who really gets to laugh behind the black man's back / When he makes his little crack about the Jews? / Who really gets to profit and who really gets to pay? / Who really rides the slavery ship right into Charleston Bay? / Democracy is coming to the USA.« [»Erst töteten wir den Herrn, und dann stahlen wir den Blues / Immer wieder diese Leute aus der Gosse in den News / Aber wer lacht wirklich hinterm Rücken der Schwarzen / Wenn sie ihre kleinen Witze über die Juden reißen? / Wer profitiert in Wirklichkeit, und wer bezahlt? / Wer steuert wirklich das Sklavenschiff in die Charleston Bay? / Die Demokratie hält Einzug in den USA.«]

Solche Strophen.

Warum haben Sie das wieder herausgenommen?

Ich wollte den hymnischen Charakter des Songs nicht gefährden. Ich wollte nicht, dass er zu kämpferisch wird. Ich wollte in dem Song keinen Streit anfangen. Mir ging es eher um eine seelische Offenbarung als um Konfrontation, einen Aufruf zum Kampf oder eine Verteidigung.

Es gab darin eine Menge solcher Strophen, und das lange vor den Unruhen. Zum Beispiel:

»From the church where the outcasts can hide / Or the mosque where the blood is dignified / Like the fingers on your hand, like the hourglass of sand / We can separate but not divide from the eye above the pyramid / And the dollar's cruel display / From the law behind the law / Behind the law we still obey / Democracy is coming to the USA.« [»Von der Kirche, die den Ausgestoßenen Zuflucht bietet / Oder der Moschee, in der das Blut geehrt wird / Wie die Finger an der Hand, wie die Sanduhr mit Sand / Können wir uns scheiden aber nicht trennen vom Auge über der Pyramide / Und die grausame Zurschaustellung des Dollars vom Gesetz hinter dem Gesetz / Hinter dem Gesetz, das wir noch immer befolgen / Die Demokratie hält Einzug in den USA.«]

Es gab eine Menge solcher Strophen, ganz gute Strophen.

Man kann sich kaum vorstellen, dass Sie solche Strophen schreiben und sie dann verwerfen.

Bevor ich eine Strophe verwerfen kann, muss ich sie erst einmal schreiben. Selbst wenn sie schlecht ist – diese beiden sind zur Abwechslung gut, ich zeige Ihnen damit das Beste meiner verworfenen Sachen … Aber selbst an den schlechten habe ich so lange geschrieben wie an den guten. Wie jemand einmal gesagt hat: Es ist genauso schwer, einen schlechten Roman zu schreiben wie einen guten. Es ist genauso schwer, schlechte Strophen zu schreiben wie gute. Ich kann eine Strophe nicht verwerfen, bevor sie geschrieben wurde, da das Schreiben der Strophe erst die Freuden oder Bedeutungen oder Facetten hervorbringt, die das Licht einfangen. Man muss den Edelstein geschliffen haben, um zu sehen, ob er leuchtet. Im ungeschliffenen Stein sehen Sie das nicht.

Ich mag diese Zeilen sehr: »I'm stubborn as the garbage bags that refuse to decay / I'm junk but I'm still holding up this little wild bouquet.« [»Ich bin hartnäckig wie die Müllsäcke, die sich der Zersetzung verweigern / Ich bin Schrott, aber habe immer noch diesen kleinen, wilden Blumenstrauß.«]

Die meisten von uns aus der Mittelschicht haben diese aus dem 19. Jahrhundert stammende Vorstellung davon, was Demokratie ist, nämlich, dass die Massen, etwas vereinfacht gesagt, Shakespeare und Beethoven lieben werden. Das ist mehr oder weniger unsere Vorstellung von Demokratie. Aber so ist sie nicht. Sie wird auf unerwartete Weise aus dem Zeug entstehen, das wir für Schrott halten: die Leute, die wir für Schrott halten, die Ideen, die wir für Schrott halten, das Fernsehen, das wir für Schrott halten.

Es gibt aber auch die Zeile »The Maestro says it's Mozart / But it sounds like bubble gum« [»Der Maestro sagt,

es sei Mozart / Aber es klingt wie Kaugummi«]. Dass Schrott also manchmal als große Kunst angepriesen wird.

Manches wird als Schrott vermarktet, ist aber große Kunst. Erinnern Sie sich daran, wie Rock 'n' Roll von der Obrigkeit und den Musikwissenschaftlern und sogar von den hippen Leuten aufgenommen wurde. Und als man mich als dies oder jenes bezeichnete, kam das nicht von dem Typen in der U-Bahn. Er wusste nichts von meiner Existenz. Es waren die hippen Leute, die Kolumnen in den hippen Zeitschriften, Collegezeitschriften und Musikzeitschriften schrieben.

Es ist also schwer vorherzusagen, wie das Urteil über ein Werk ausfallen wird. Interessant wird das Spiel aber dadurch, dass jede Generation die Regeln neu schreibt und selbst entscheidet, was Dichtung und Gesang sind. Und dabei oft die wohlüberlegten Urteile der vorangegangenen Generationen verwirft. Hätten die Hippies je gedacht, dass sie später zum Gegenstand des Gespötts würden, selbstgerecht, wie sie waren, stolz auf die tatsächlich kühnen Schritte, die sie unternommen hatten, um sich lebendig zu fühlen in der starren Gesellschaft um sie herum? Die Risiken, die Chancen, das Dope, das sie rauchten, das Acid, das sie schmissen ... Hätten sie jemals gedacht, dass man in ihnen Witzfiguren sehen würde, lächerlich wie Zeichentrickfiguren? Nein.

Und so geht es jeder Generation. Es gibt diesen Spruch: »Wer den Geist seiner eigenen Generation heiratet, ist in der nächsten Generation ein Witwer.«

Sie haben Romane und Gedichtbände geschrieben. Und Sie haben mal darüber gesprochen, was für ein ruhiges, häusliches Leben Sie als Schriftsteller führten, bevor Sie Songwriter wurden. Ist das Leben eines Songwriters

vollkommen anders als das eines Dichters oder Schriftstellers?

Früher war es das. Weil ich die Songs nebenbei schreiben konnte. So richtig zu schuften angefangen habe ich erst 1983. Ich habe immer schon hart gearbeitet. Aber ich hatte keine Vorstellung davon, was wirklich harte Arbeit bedeutet, bis sich in meinem Geist etwas veränderte.

Wissen Sie, was das war?

Ich weiß nicht genau, was es war. Vielleicht das Gefühl, dass dieses ganze Unterfangen begrenzt ist, dass ein Ende in Sicht war.

Ein Ende Ihres Songwritings?

Nein, ein Ende des eigenen Lebens. Dass man wirklich und wahrhaftig sterblich ist. Ich weiß nicht genau, was es war, ich mutmaße nur. Aber ab einem bestimmten Punkt war ich mit dem Songwriting auf die gleiche Weise beschäftigt, wie mich in sehr jungen Jahren das Schreiben von Romanen beschäftigt hatte. Mit anderen Worten: Es ist etwas, das man jeden Tag macht, und man weiß, dass man sich nicht allzu weit davon entfernen darf, sonst vergisst man, worum es dabei geht.

Vor dieser Zeit war das bei Ihnen anders?

War es, aber es geht um graduelle Abstufungen. Ich habe immer gedacht, dass ich mich bei der Arbeit anstrenge. Aber ich hatte keine Ahnung, was Anstrengung wirklich bedeutet, bis ich in Unterwäsche über einen Teppich in einem schäbigen Zimmer im Royalton Hotel kroch, unfähig, eine Strophe hinzubekommen. Wissend, dass eine Recording-Session bevorstand, und wissend, dass ich mit dem, was ich hatte, durchkäme, aber dazu nicht fähig war.

Diese Veränderung erlebte ich graduell, und ich wusste, dass ich auf eine Art und Weise arbeiten musste, die ich noch nicht kannte.

Ist Ihnen ein früher Song wie »Suzanne« [*Songs of Leonard Cohen*, 1967] noch einfach zugefallen?

Nein, nein, an »Suzanne« habe ich monatelang gearbeitet. Es ist eine Frage der Intensität. Ich war damals noch in der Lage, mehrere Bälle in der Luft zu halten: ein Leben, eine Frau, einen Traum, andere Ambitionen, andere Richtungen. An einem bestimmten Punkt wurde mir klar, dass ich nur einen Ball in der Hand hielt, und das war der Gesang. Alles andere war zerstört oder beschädigt, und es gab keinen Weg zurück, ich war jetzt ein Jongleur mit nur einem Ball. Ich habe unglaubliche Sachen mit diesem Ball gemacht, um die Absurdität der Darbietung zu rechtfertigen.

Denn was kann man mit dem Ball machen? Man hat keine drei mehr zur Verfügung. Man hat einen einzigen. Und vielleicht nur einen Arm. Man kann ihn vom Handgelenk abprallen lassen, oder vom Kopf. Man muss sich ein paar ziemlich gute Tricks einfallen lassen. Man muss sie von Grund auf lernen. Und das war, was mir bewusst wurde, dass man sie von Grund auf lernen muss.

Es gibt eine gewisse Kontinuität zwischen »Suzanne« und »Waiting for the Miracle« [*The Future*, 1992]. Natürlich gibt es die; sie stammen vom selben Typen. Vielleicht ist es so, wie wenn Sie Schuhmacher wären und einen Arm verlieren würden. Sie sind ein ziemlich guter Schuhmacher, vielleicht nicht der beste, aber einer der besten zehn. Man verliert seinen Arm, und niemand weiß davon. Die Leute wissen nur, dass Ihre Schuhe immer noch ziemlich gut sind. Aber in Ihrer Werkstatt halten Sie den Schuh mit den Zähnen, Sie pressen ihn mit den Zähnen auf die Werkbank und hämmern mit Ihrer einen Hand. Es ist ein ziemlich akrobatischer Akt, den Schuh zusammenzubekommen. Das Ergebnis mag der gleiche Schuh wie vorher sein, nur ist die Herstellung viel schwieriger, und Sie wollen darüber nicht klagen.

Vielleicht ist einfach nur das passiert, dass ich irgendwie vernichtet wurde, und das hatte zur Folge, dass ich härter arbeiten musste, um das gleiche Ergebnis zu erzielen. Ich kann das nicht einschätzen oder bewerten. Ich weiß nur, dass die Arbeit wirklich hart wurde.

Warum sind Sie vom Schreiben von Romanen und Gedichten zum Songwriting übergegangen?

Ich habe nie den Unterschied gesehen. Es gab einen bestimmten Punkt, an dem ich feststellte, dass ich davon [von der Dichtung und den Romanen] nicht leben konnte. Aber Songwriter oder Sänger zu werden, um ein finanzielles Problem zu lösen, vor allem mit Anfang dreißig, ist der Gipfel der Torheit. Ich weiß also nicht, warum ich das getan habe oder warum ich irgendwas tue. Ich hatte nie eine Strategie. Ich spiele nach Gehör.

Ich weiß nur, dass ich einen, wie ich fand, ziemlich guten Roman geschrieben hatte, *Beautiful Losers* [1966]. Er war von allen wichtigen Leuten als bedeutendes Werk gefeiert worden. Ob er das ist oder nicht, wer weiß. Zumindest hatte ich die Referenzen. Aber ich konnte meine Rechnungen nicht bezahlen. Der Roman hatte sich nur ein paar tausend Mal verkauft. Es war also eigentlich verrückt, den nächsten zu beginnen. Unterrichten wollte ich aber nicht; das war einfach nicht mein Ding. Es passte nicht zu mir. Ich war zu verlottert. Ich musste zu lange aufbleiben, ich musste mich zu schnell bewegen. Dort gehörte ich nicht hin.

Hatten Sie jemals den Wunsch, noch mal einen Roman zu schreiben?

Den Gedanken gab es immer mal wieder. Mir sagt vor allem das Regime zu, dem man sich beim Schreiben unterwirft. Mir gefällt, dass man währenddessen im Grunde nichts anderes machen kann. Man muss an einem Ort bleiben. Und so ist es jetzt mit dem Songwriting. Ich brauche meinen Synthesizer und meinen Mac. Ich kann mir nicht viel Ablenkung erlauben. Man vergisst sonst leicht, worum es geht.

Ist es für Sie befriedigender, einen Song zu schreiben, also etwas, in das Sie nach dem Schreiben beim Singen erneut eintauchen können?

Das Singen und Spielen von Songs ist ein großes Privileg. Es ist eine hervorragende Möglichkeit, den eigenen Mut zu testen. Und den Song zu testen. Und sogar das Publikum zu testen.

Vorhin sagten Sie, dass Sie nur etwas schreiben können, das Sie auch singen können, das …

Ich wollte damit nicht suggerieren, dass es um eine Einteilung der Songs in bessere oder schlechtere geht. Es geht nur um eine bestimmte Form, die sie haben müssen. Sonst bekomme ich es mit meiner Stimme nicht hin.

Es gibt Songs wie »Dress Rehearsal Rag« [*Songs of Love and Hate*, 1971], die ich mal aufgenommen habe und nie live singen werde. Es gibt ein sehr schönes Cover von Judy Collins, besser als meine Version. Ich würde diesen Song niemals im Konzert singen; ich kann mich nicht damit verbinden.

Das ist aber keine Frage der Qualität oder dergleichen, es geht um die passende Form für meine Stimme und Psyche.

Sie sagten, dass Sie eine frühere Version von »Anthem« nicht singen konnten, weil es eine Lüge enthielt. Bedeutet das, dass in den Songs Wahrheit erklingen muss, damit Sie sie singen können?

Es muss in ihnen eine Wahrheit erklingen, die ich erkennen kann. Sie müssen ein Gleichgewicht zwischen Wahrheit und Lüge, zwischen Hell und Dunkel haben.

Jennifer Warnes hat erzählt, dass Sie ihr einmal gesagt haben, dass die konkreteste Antwort die universellste ist.

Das denke ich. Das scheint mir der Rat vieler guter Schriftsteller an mich und die Welt. Man sollte nicht »der Baum« sagen, man sollte »der Bergahorn« sagen.

Warum?

Ich weiß es nicht. Und es stimmt nicht einmal. Aber es beinhaltet eine gewisse Wahrheit. Wir scheinen eine enge Beziehung zu Details zu haben. Wir scheinen ein Verlangen nach ihnen zu haben. Unser tägliches Leben scheint aus Details zu bestehen, und wenn man kein Gefühl für die Details im Tag von jemand anderem bekommt, dann ergänzt man im Kopf die Details des eigenen Tages. In mancher Hinsicht scheint es besser, anstatt eines allgemeinen Satzes wie »Die Tage vergingen«, »Die Tage vergingen mit Folgen von *Captain Kangaroo*« zu schreiben, aber nicht »mit Fernsehen«.

Und nicht »vor dem Fernseher«, sondern »vor dem heillos kleinen Bildschirm«.

Ich denke, das sind die Details, die uns Freude machen. Sie erfreuen uns, weil wir dann Anteil nehmen können. Es ist unser Gefühl von Bedeutungslosigkeit und Isolation, das ungeheuer viel Leid verursacht.

Das ist eine der großen Stärken Ihres Werks, der Detailreichtum. So viele andere Songs sind leer und arm an Details.

Ich höre gern auf die Details. Ich habe heute Morgen gerade an einer Zeile für einen Song mit dem Titel »I Was Never Any Good at Loving You« gearbeitet. Und die Zeile lautete: »I was running from the law, I thought you knew, forgiveness was the way it felt with you.« Oder: »Forgiven was the way I felt with you.« Dann wurde daraus eine metaphysische Zeile über das alte Gesetz und das neue Gesetz, das Alte Testament und das Neue Testament: »I was running from the law, the old and the new, forgiven was the way I felt with you.« Nein, das war mir dann zu intellektuell. Dann dachte ich, jetzt habe ich es: »I was running from the cops and the robbers too, forgiven was the way I felt with you.« Jetzt gibt es Polizisten und Räuber, das adelt die Zeile, indem es sie zugänglich macht, alltäglich.

Jede dieser drei Versionen funktioniert. Und obwohl ich verstehe, wie hart Sie daran arbeiten, kommen einem viele Ihrer Verse unausweichlich vor. Sie fühlen sich nicht erzwungen an, sondern vollkommen.

Ich weiß das zu schätzen. Jemand hat mal gesagt, Kunst sei das Verbergen von Kunst.

Wird viel verborgen?

Es sei denn, Sie wollen die Arbeit mit den Kerben der Axthiebe präsentieren, was ja legitim ist, wenn man zeigen will, wie etwas gebaut und gearbeitet ist. Aber ich mag auch die ausgefeilten Sachen.

Als den Juden zum ersten Mal befohlen wurde, einen Altar zu errichten, stand das Gebot auf unbehauenem Stein. Offenbar wollte Gott ihn nicht glatt und geschmeidig haben. Er wollte, dass ein unbehauener Stein auf einem anderen unbehauenen Stein platziert wird. Und dann geht man vielleicht nach passenden Steinen suchen. Vielleicht war das der Prozess, den Gott die Erbauer dieses Altars durchlaufen lassen wollte.

Ich finde, dass Dylan Verse hat, Hunderte großartiger Verse, die etwas von unbehauenem Stein an sich haben. Aber sie passen. Sie sind voller Inspiration, aber nicht ausgefeilt.

Das soll nicht heißen, dass es bei ihm keine Verse von großartigem Schliff gibt. Ein solches Genie kann sich in allen Formen und allen Stilen ausdrücken.

Wenn Sie an Zeilen wie den erwähnten arbeiten, ist das ein Prozess, bei dem nur mit Wörtern gearbeitet wird, unabhängig von der Musik?

Nein. Ich weiß nicht, was zuerst da war, die Henne oder das Ei. Ich weiß nur, dass der Song irgendwann anfing. Ich schiebe die Verse dann aber immer zwischen dem Notizbuch und dem Keyboard hin und her. Um herauszufinden, wo der Song ist. Er war zunächst ein Shuffle, ein $^6/_8$-Song wie »Blueberry Hill« von Fats Domino.

Wenn Sie am Liedtext arbeiten, haben Sie also immer eine Melodie im Kopf?

Ja, normalerweise hat jede Zeile eine Art Rhythmus, der zumindest anzeigt, wo die Stimme nach oben und wo sie nach unten gehen wird. Ich schätze, dass sind die rudimentären Anfänge dessen, was man eine Melodie nennt.

Ich habe gefragt, weil Ihre Songs im Gegensatz zu den meisten anderen immer perfekte Metren und Reimschemata haben. Es wirkt so, als könnte man sie als bloßen Text erarbeiten, ohne die Musik.

So funktioniert es aber nicht. Denn die Musik hat großen Einfluss auf die Länge einer Textzeile oder ihre Dichte, die Silbendichte.

Sie sprachen von der Arbeit an einem Mac. Betrifft das sowohl die Musik als auch den Text?

Ich baue die Songs gerne auf. Normalerweise wandern sie von der Serviette über das Notizbuch in den Mac. Und dann hin und her. Und irgendwann kommt der Moment, wenn es reicht. Dann will ich es sehen.

Man sagt, dass die Thora mit schwarzem Feuer auf weißem Feuer geschrieben wurde. Ich habe dieses Gefühl am Rechner, leuchtendes Schwarz auf hellem Hintergrund. Es verleiht dem Ganzen eine gewisse theatralische Würde, es auf dem Bildschirm zu sehen. Außerdem ermöglicht die Textverarbeitung das Ausschneiden und Einfügen. Manchmal muss ich den Song während seiner Entstehung als Ganzes vor mir sehen, um ihn auf eine bestimmte Art und Weise prüfen zu können. Aber in der Regel kehre ich dann wieder zurück zur Serviette und zum Notizbuch.

Sie erwähnten die Strophe über die Juden in »Democracy«, die Sie wieder gestrichen haben, und in »The

Future« gibt es diese Zeile »I'm the little Jew who wrote the Bible« [»Ich bin der kleine Jude, der die Bibel geschrieben hat«]. Es gibt so viele großartige jüdische Songwriter, und doch ist es extrem selten, dass sie ihr Jüdischsein explizit erwähnen.

(Lacht.) Ich musste schmunzeln, als mir diese Zeile in den Sinn kam. Ein Freund von mir sagte: »Wehe, du streichst die wieder.«

Sie waren versucht, sie zu streichen?

Ich bin versucht, alles zu streichen. Zu jedem Zeitpunkt. Die meisten Menschen sind nur ungern bereit, Dinge zu entfernen. Ich bin jederzeit bereit, den ganzen Song zu verwerfen und von vorne anzufangen.

Ich glaube, das ist ein genauso schwerer Fehler, weil ich wahrscheinlich schon Songs weggeworfen habe, die ziemlich gut waren. Und jetzt liegen sie irgendwo da draußen begraben.

Verarbeiten Sie in Ihren Songs manchmal verworfenes Material?

Ich recycle die ganze Zeit.

Glauben Sie, dass Ihr Schreiben davon beeinflusst ist, dass Sie jüdisch sind?

Ich habe keine Ahnung. Ich war nie etwas anderes. Ich weiß also nicht, wie es wäre, wenn ich diese Bezüge nicht hätte. Diesen Bezugsrahmen, den man ablehnen oder annehmen kann. Sie können eine Million Einstellungen dazu haben, aber Sie können ihn selbst nicht ändern.

Sie haben die Thora und den Talmud studiert?

Ja, schon, in bescheidenem Umfang.

Wenn Sie einen Song wie zum Beispiel »The Future« schreiben, der in a-Moll steht, wählen Sie dann eine Tonart, die zum Ton des Songs passt?

Ja. Aber ich wähle eine Tonart nicht so aus, wie Garth Hudson [von The Band]. Er hat eine ganz eigene Philosophie über Tonarten und Farben und die Frage, welche Tonart welche Stimmung erzeugt. Das ist sicher sehr hilfreich, wenn man's drauf hat, aber ich kann gar nicht in allen Tonarten spielen. Also kann ich auch nicht jede Tonart auf ihre Wirkung hin untersuchen. Mit dem Synthesizer könnte ich in allen Tonarten spielen, das habe ich aber noch nie probiert.

Glauben Sie, dass man Tonarten bestimmte Farben zuordnen kann?

Ich glaube schon, aber ich denke, eigentlich nur vom Tonumfang her. Manche Tonarten versetzen die Stimme automatisch in eine tiefere Lage. Meine Stimme ist im Laufe der Jahre sehr, sehr tief geworden und scheint immer noch tiefer zu werden. Ich dachte, es läge an 50 000 Zigaretten und Swimmingpools voll Whisky. Aber ich habe vor ein paar Jahren das Rauchen aufgegeben, und meine Stimme wird immer noch tiefer.

Auf den früheren Aufnahmen klingen Sie tatsächlich wie ein anderer Mensch.

Ja, ich habe mich auch verändert. Ich weiß, was es war. Meine Stimme fing um 1982 herum an, sich wirklich zu verändern. Sie wurde tiefer, und ich begann, mich damit abzufinden.

Diese besonders tiefe Stimme hat so einen resonanten Klang. Finden Sie es gut, wie sie sich entwickelt hat?

Ich bin überrascht, dass ich mich überhaupt mir selbst gegenüber, mit Furcht und Zittern, als Sänger bezeichnen kann. So langsam kann ich es. Das hätte ich nie gedacht, aber in der Stimme ist jetzt etwas, das durchaus akzeptabel ist. Ich hätte nie gedacht, dass ich dazu fähig wäre, eine Stimme zu entwickeln, die irgendeine Art von Charakter hat.

Noch einmal zu den Tonarten: Wechseln Sie beim Schreiben manchmal die Tonart?

Ja, klar. Es ist lustig, heute habe ich darüber nachgedacht, in einer Melodie zu modulieren, was ich noch nie gemacht habe. Ich habe noch nie mitten in einem Song die Tonart gewechselt.

Tonartwechsel können ziemlich kitschig sein. Mir fällt kein Song von Ihnen ein, bei dem man sich einen wünschen würde.

Nein, ich weiß nicht. Ich glaube, dass es ganz schön sein könnte. Ich habe es nie ausprobiert. Vielleicht finde ich einen Weg – vielleicht in der Mitte einer Zeile, aber nicht am Anfang einer Strophe. Das müste aber raffiniert sein.

In »Anthem« habe ich das eigentlich schon getan, als ich vom F zum B hochging. In gewisser Weise steht der Refrain in einer anderen Tonart und führt dann über Vorhalte in die ursprüngliche Tonart zurück.

Empfinden Sie Moll-Tonarten als ausdrucksstärker als Dur-Tonarten?

Das Aufeinandertreffen eines Dur-Akkords ohne Septime und eines Moll-Akkords fühlt sich gut für mich an. Ich mag das.

In »Famous Blue Raincoat« [*Songs of Love and Hate*, 1971], das in a-Moll steht, wechselt der Chor nach C-Dur, was sehr schön ist.

Ja, das ist schön. Ich schätze, das habe ich aus der spanischen Musik.

Sie haben erwähnt, wie viel Sie von dem, was Sie schreiben, wegwerfen. Ist Ihre kritische Stimme beim Schreiben immer schon mit im Spiel, oder versuchen Sie, zuerst etwas zu schreiben und dann erst den Kritiker zu involvieren?

Ich hole alle verfügbaren Leute ins Team, alle müssen mitarbeiten, Teil der Legion werden. Es gibt viele Stimmen, die mitwirken.

Stehen sie Ihnen manchmal im Weg?

»Im Weg stehen« ist gar kein Ausdruck. *(Lacht.)* Es herrscht absolutes Chaos. Es herrscht Chaos, und die Menschen treten einander auf die Hände. Es herrscht Panik. Alles steht in Flammen. Die Leute treten auf die am Boden Liegenden, es gibt Brutalos und Feiglinge. Alle Versionen von einem selbst, die man aufbieten kann, sind da. Und ein paar, von denen man nicht einmal wusste, dass es sie gibt.

Wenn Sie schließlich einen Song fertig haben, ist das ein triumphaler Moment?

O ja. Das ist wunderbar. Für mich das schönste Gefühl überhaupt. Dieses Gefühl der Vollendung.

Wie lange hält das an?

Sehr lange. Ich fühle mich immer noch belebt durch die Fertigstellung des letzten Albums, die bereits sechs Monate zurückliegt, und ich habe immer noch das Gefühl: »Mein Gott, ich habe dieses Album vollendet. Ist das nicht herrlich?« Nach einer Weile muss man es mit sich selbst ausmachen. Deine Freunde sind bereit, sich einen Tag oder eine Woche lang mit dir zu freuen. Aber nach sechs Monaten des »Lass uns was trinken gehen! Ich habe meine Platte vor sechs Monaten fertiggestellt« brechen sie nicht mehr in Jubel aus.

Hilft Ihnen das Trinken manchmal beim Schreiben?

Nein. Nichts hilft. Aber Trinken hilft beim Auftreten. Manchmal. Man muss es natürlich klug anstellen.

Wäre es für Sie in Ordnung, wenn ich einige Ihrer Songs nenne, und Sie sagen etwas dazu?

Ja, klar.

»Sisters of Mercy« [*Songs of Leonard Cohen*, 1967].

Das ist der einzige Song, den ich in einem Rutsch geschrieben habe. An der Melodie hatte ich schon länger gearbeitet. Ich wusste aber noch nicht richtig, was den Song ausmacht. Ich erinnere mich, dass meine Mutter ihn mochte.

Dann war ich in Edmonton, einer Großstadt im Norden, und es gab einen Schneesturm. Ich stellte mich in einem Vorraum unter, in dem auch zwei junge Tramperinnen ausharrten, die nicht wussten, wo sie übernachten sollten. Ich bot ihnen an, in meinem kleinen Hotelzimmer zu schlafen, im großen Doppelbett, und sie schliefen sofort ein.

Sie waren vom Sturm und von der Kälte erschöpft. Und ich saß in einem Sessel am Fenster, mit Blick auf den Saskatchewan River, und schrieb den Text, während sie schliefen. Das war mir noch nie passiert. Es muss wunderbar sein, so ein Typ Autor zu sein.

Denn ich schrieb einfach den Text, überarbeitete ihn ein wenig, und als sie erwachten, sang ich ihn ihnen vor. So was war mir noch nie passiert, ist es auch seitdem nie wieder.

»Hey, That's No Way to Say Goodbye« [*Songs of Leonard Cohen*, 1967].

Die erste Band, mit der ich das gesungen habe, waren die Stormy Clovers, eine Band aus Toronto. Ich schrieb es in zwei Hotels. Das eine war das Chelsea und das andere das Penn Terminal Hotel. Ich erinnere mich, wie Marianne in mein Notizbuch schaute, den Song sah und fragte: »Für wen hast du das geschrieben?«

»Chelsea Hotel Nr. 2« [*New Skin for the Old Ceremony*, 1974].

Ich kam nach New York und wohnte erst in anderen Hotels. Ich hatte gehört, dass das Chelsea Hotel ein Ort war, wo ich Gleichgesinnten begegnen könnte. Und so war es dann auch. Ein großartiger, wahnsinniger Ort. Es ist viel darüber geschrieben worden.

Der Song war für Janis Joplin?

Es war sehr indiskret von mir, das zu erzählen. Ich weiß nicht mehr, wann ich es getan habe. Im Rückblick bereue ich es, denn einige Zeilen sind äußerst intim. Aber da die Katze aus dem Sack ist, ja, der Song war für sie.

»Hallelujah« [*Various Positions*, 1984].

Dafür habe ich sehr lange gebraucht. Vor ein paar Jahren, am Tag nach einem Konzert von Dylan in Paris, bei dem er auch diesen Song gesungen hatte, waren wir zusammen Kaffee trinken. Und da fragte er mich, wie lange es gedauert hat, ihn zu schreiben. Ich meinte zu ihm, dass es ein paar Jahre waren. Das war aber gelogen. Es waren mehr als ein paar Jahre.

Dann lobte ich einen Song von ihm, »I and I«, und fragte ihn, wie lange er dafür gebraucht habe, und er sagte: »Fünfzehn Minuten.« *(Lacht.)*

Dylan hat gesagt, dass Ihre Songs aus der Zeit von »Hallelujah« fast Gebete waren.

Das habe ich gar nicht mitbekommen, aber ich weiß, dass er sich für meine Songs interessiert. Es ist ein gegenseitiges Interesse. Alle interessieren sich für Dylan, aber es freut mich, dass Dylan sich für mich interessiert.

Ich finde seinen Kommentar treffend. Songs wie »Hallelujah« oder »If It Be Your Will« [*Various Positions*, 1984] haben etwas Sakrales an sich.

»If It Be Your Will« ist wirklich ein Gebet. Und »Hallelujah« kommt mir auch so vor. Und viele andere Songs,

»Dance me to the End of Love« [*Various Positions*, 1984], »Suzanne« [*Songs of Leonard Cohan*, 1967]. Ich liebe Kirchenmusik und Synagogenmusik, die Musik der Moscheen.

Es wirkt besonders stark in unserer Zeit, da so wenige Songs, die wir hören, irgendeinen Sinn für das Heilige haben.

Es gibt eine Zeile in »The Future«: »When they said repent / I wonder what they meant.« [»Als sie ›Büße‹ sagten / Was meinten sie wohl damit?«] Ich habe gehört, dass man jahrhundertelang nicht mehr wusste, wie man einen Bogen baut. Die Maurer hatten es vergessen; das Wissen war einfach weg.

Und so sind auch in unserer Zeit bestimmte spirituelle Mechanismen, die mal sehr nützlich waren, aufgegeben und vergessen worden. Erlösung, Buße, Auferstehung. Diese Konzepte wurden mit dem Bade ausgeschüttet. Die Menschen wurden misstrauisch gegenüber der Religion mitsamt diesen Erlösungsmechanismen, die sehr nützlich sind.

»The Famous Blue Raincoat« [*Songs of Love and Hate*, 1971].

Das ist eines der Lieder, die ich nie für abgeschlossen hielt. Ich fand auch die Version von Jennifer Warnes in gewisser Weise besser, kohärenter, ich hatte es für sie verändert. Ich denke, bei diesem Song kann man ein wenig sehen, wie er gemacht ist. Und die Melodie ist wirklich gut. Ich würde ihn schon verteidigen, mit dem Argument, dass er impressionistisch ist. Stilistisch ist er kohärent.

Ich kann ihn verteidigen, wenn ich muss, aber insgeheim hatte ich immer das Gefühl, dass es trotzdem eine gewisse

Inkohärenz gab, weshalb dieser Song kein wirklich großer Song ist.

Da muss ich widersprechen.

Freut mich zu hören. Bitte widersprechen Sie mir, wann auch immer.

Ich finde, die Größe dieses Songs liegt darin, dass Sie eine Geschichte anreißen, ohne sie ganz zu erzählen, und die Geschichte wird stärker durch das, was Sie nicht sagen, oder nicht sagen können.

Ja, das mag sein. Als ich an der Uni war, gab es ein äußerst beliebtes Buch mit dem Titel *Seven Types of Ambiguity*. Ein Gegenstand der Kritik darin war »Die Intention des Autors«. Man muss sie vergessen. Es ist egal, was der Autor intendiert hat, oder wie er selbst seinen Text interpretiert oder bewertet. Der Text existiert unabhängig davon. Also gut, vielleicht ist es doch ein guter Song. Ich schließe mich Ihrer Lesart an.

»First We Take Manhattan« [*I'm Your Man*, 1988].

Eine Zeit lang hatte ich das Gefühl, dass sich die treibende Energie oder die uns anziehende Energie oder die mitreißende Energie der Gegenwart aus den Extremen speist. Darum gab es Malcolm X. Und irgendwie sind es nur diese extremistischen Positionen, die unsere Aufmerksamkeit erregen. Mir wurde klar, dass ich auch in mir selbst diesen extremistischen Positionen widerstehen muss, wenn ich mal wieder in einen mystischen Faschismus abdrifte. *(Lacht.)* Also dieser Song, »First We Take Manhattan«, was ist das? Ist das sein Ernst? Und wer ist dieses Wir? Und an wen wendet er sich? Na ja, an die Anhängerschaft, die sich auch zu extremistischen Positionen hingezogen fühlt.

Ich kanalisiere mein Verlangen nach Extremismus lieber so, als einen Bus voller Schulkinder in die Luft zu sprengen.

Als ich anfing, Gitarre zu spielen und Songs zu schreiben, war einer der ersten Songs, die ich lernte, »Suzanne«. Und ich erinnere mich, dass ich dachte: »Wie kann jemand einen so schönen Song schreiben?« Und er ist für mich bis heute ein Wunder.

Er ist ein Wunder. Ich weiß nicht, wo die guten Songs herkommen, sonst ginge ich öfter dorthin. Ich wusste, dass ich etwas auf der Spur war.

Ich schrieb zuerst das Zupfmuster. Ich verbrachte viel Zeit an der Uferpromenade und in der Hafengegend von Montreal. Die heißt jetzt Old Montreal, viele der Gebäude sind restauriert worden. Damals sah es da noch anders aus. Und es gab diese Seefahrer-Kirche, in der eine Statue der Heiligen Jungfrau stand. Vergoldet, sodass sie in der Sonne erstrahlte. Und ich wusste, dass sich dort ein Song verbarg.

Dann begegnete ich Suzanne, der Frau eines Freundes, Armand Vaillancourt. Sie war Tänzerin und nahm mich mit »down to a place near the river«, zu einem Ort in der Nähe des Flusses.

Sie war eine der ersten mit einer Wohnung am Saint Lawrence River. Ich wusste, dass es um diese Kirche gehen würde und um den Fluss. Aber mir fehlte etwas, um einen Song herauszukristallisieren. Und da kam ihr Name in den Song hinein, danach ging es nur noch darum, eine Reportage zu schreiben, so genau wie möglich über das zu berichten, was sie tat.

Haben Sie lange daran gearbeitet?

Ja, ich habe viele Notizblätter vollgeschrieben. Nichts im Vergleich zu der Menge, die ich heutzutage brauche. Aber es hat mehrere Monate gedauert.

Gab sie Ihnen Tee und Orangen, wie im Song?

Sie machte mir einen Tee mit dem Namen Constant Comment, in dem kleine Stücke Orangenschale enthalten waren, woraus dann das Bild entstand.

»And she shows you where to look among the garbage and the flowers / There are heroes in the seaweed.« [»Und sie zeigt dir, wo du suchen musst, zwischen dem Müll und den Blumen / Man findet Helden tief im Seegras.«] Das sind hoffnungsvolle Zeilen.

Ja, sie sind hoffnungsvoll. Ich bin sehr dankbar für diese Zeilen und für diesen Song.

»Bird on the Wire« [*Songs from a Room*, 1969].

Den habe ich in Griechenland angefangen. Auf der Insel, auf der ich damals lebte, gab es keine Telefonleitungen. Es gab keine Elektrizität. Irgendwann errichteten sie dort also diese Telefonmasten. Sie würden einem heute gar nicht mehr auffallen, aber als sie errichtet wurden, habe ich den ganzen Tag aus dem Fenster auf die Leitungen gestarrt und gedacht, dass die Zivilisation mich eingeholt hatte und ich ihr letztlich doch nicht entkommen würde. Ich konnte also doch nicht dieses Leben des 11. Jahrhunderts führen, das ich meinte gefunden zu haben. So fing es an. Dann bemerkte ich aber, dass sich natürlich Vögel auf die Drähte setzten, und das wurde der Anfang.

Die Zeile »Like a drunk in a midnight choir« [»Wie ein

Betrunkener in einem Mitternachtschor«] spielt auch auf der Insel. Wo Betrunkene, mich eingeschlossen, die Treppen hinaufkamen. Die Menschen dort begegneten dem mit großer Toleranz, es konnte ja auch mitten in der Nacht sein. Man sah drei Typen Arm in Arm die Treppe hinaufstolpern und diese tadellosen Terzen singen. Das Bild kam also von der Insel.

Sie haben geschrieben, dass Sie diesen Song »1969 in Hollywood in einem Motel zusammen mit allem anderen zu Ende gebracht« haben. Wie haben Sie das gemeint?

Alles wurde zu Ende gebracht. Die sechziger Jahre wurden zu Ende gebracht. Vielleicht war es das, was ich meinte. Auch wenn ich das Gefühl hatte, dass die sechziger Jahre schon lange vorher zu Ende waren.

Ich glaube nicht, dass die sechziger Jahre je begonnen haben. Ich glaube, die gesamten sechziger Jahre waren irgendjemandes Kopfgeburt und dauerten vielleicht fünfzehn oder zwanzig Minuten. Der Ausverkauf kam sehr schnell. Ich glaube nicht, dass es die sechziger Jahre gab.

»I'm Your Man« [*I'm Your Man*, 1988].

Der hat mich Schweiß gekostet. Richtig viel Schweiß. Ich kann Ihnen das Notizbuch dazu zeigen. Der Song hatte ursprünglich den Titel »I Cried Enough for You« und war mit einer Version von »Waiting for the Miracle« verbunden, die ich aufgenommen hatte.

Das Reimschema entwickelte ich durch die Anlehnung an diese Melodie, es funktionierte aber nicht.

Sie haben einmal Dylan zitiert: »Ich kenne meinen Song sehr gut, bevor ich zu singen anfange.« Sind Ihre Songs

immer komplett fertig, wenn Sie mit dem Aufnehmen beginnen?

Ja. Manchmal gibt es ein böses Erwachen. Was schon oft passiert ist.

Was halten Sie von Songwritern, die im Studio schreiben?

Sie beeindrucken mich. Ich empfinde große Bewunderung für einen solchen Mut und Glauben an die eigene Inspiration. Dass die Götter einem wohlgesinnt sein werden. Dass man mit nichts anderem als seinem Willen und seinem Können da reingeht und es dort dann schon entstehen wird. Und es ist Großes auf diese Weise geschaffen worden. Es kann funktionieren. Es gibt Meister dieser Methode. Dylan ist einer von ihnen. Ich glaube, er ist da schon ohne irgendwas in der Hand rein, und es kam Großes dabei heraus. Mein Eindruck bei Dylan ist aber, dass er jeden Ansatz verfolgt hat: den spontanen, den ausgefeilten, den unbehauenen, den durchdachten. Er beherrscht all diese Formen.

Es gibt nicht viele Songwriter Ihrer Generation, die die Qualität ihrer frühen Werke so halten konnten wie Sie.

Zuerst einmal: Man wird müde. Es gibt nicht so viele Stierkämpfer über vierzig. Als Stierkämpfer liefern Sie Ihre beste Arbeit in Ihren Zwanzigern und Dreißigern.

Es gibt ein bestimmtes Alter, das diesem enormen Energieaufwand und der ungeheuren Tapferkeit und dem Mut, die Sie brauchen, um ins Gefecht zu gehen, angemessen ist. Meist ist es etwas für junge Männer, oder, wie Robert Browning sagte: »The first fine careless rapture« [»Die erste schöne sorglose Raserei«]. Darauf basiert das Gedicht, darauf basiert der Song. Aber es gibt ein paar ältere Typen, die durchhalten und noch ziemlich interessante Sachen machen.

Sie haben in Ihrer Arbeit gezeigt, dass ein Songwriter über diese frühe Raserei hinausgehen und an einen neuen Ort gelangen und Sachen machen kann, die noch nie gemacht wurden.

Ich empfand es auf jeden Fall als notwendig, diesen Ort zu finden. Ich dachte immer, dass ich lange dabeibleiben würde, toi, toi, toi.

Liegt es auch daran, dass Sie immer noch am Prozess interessiert sind?

Es lag an zwei Sachen. Das eine ist die finanzielle Notwendigkeit. Ich habe einfach nie genug Geld verdient, um zu sagen: »Ach, Mann, ich glaube, es ist Zeit, mir eine Jacht zu kaufen und tauchen zu gehen.« Ich habe nie über die Mittel verfügt, um radikale Lebensentscheidungen treffen zu können. Außerdem bin ich von einem Umfeld geprägt, das später die Montreal School of Poetry genannt wurde. Das war vor den Preisen, vor den Stipendien, bevor es Mädchen gab, die sich für das interessierten, was ich machte. Wir trafen uns, ein loser Verbund von Leuten. Wie gesagt, es gab keine Preise, keinen Lohn außer dem Werk selbst. Wir lasen einander Gedichte vor. Wir beschäftigten uns leidenschaftlich mit Gedichten. Man musste jede Zeile verteidigen. Man wurde angegriffen! Mit einer Grausamkeit, gegen die die Rockmusikkritik ein Witz ist. Ich habe noch nie etwas gelesen, das ähnlich grausam, ja, ähnlich präzise gewesen wäre, wie die Kritik, die wir damals aneinander übten.

Unsere Vorbilder waren Dichter, die ihr ganzes Leben lang schrieben. Man hatte nie das Gefühl, dass es ums große Geld geht, dass man einen Hit produziert und sich dann verabschiedet. Eine solche Denkweise war mir bis vor Kurzem einfach fremd. *(Lacht.)* Eigentlich eine ganz schöne Vorstellung, aber das passiert einem nicht, wenn man siebenminütige Songs schreibt.

Ich hatte schon damals das Gefühl, dass ich das für immer machen würde, wenn die Gesundheit mitmacht und man das Glück hat, weiterhin seine Tage dafür zur Verfügung zu haben. Ich hatte nie das Gefühl, dass es ein Ende gibt. Dass es einen Ruhestand gibt oder einen Jackpot.

Sie erwähnten die Raserei der Jugend. Glauben Sie, dass Sie Raserei oder Konflikte in Ihrem Leben brauchen, um große Songs zu schreiben, oder können Sie auch aus der Ruhe heraus schöpferisch tätig sein?

Ich denke schon, dass ich das kann, und freue mich darauf, diesen inneren Zustand zu erreichen, damit ich von dort aus schreiben kann. Aber noch bin ich nicht dort. Ich bin schon weit gekommen, wenn ich an die Probleme denke, die ich als junger Mann hatte. Verglichen damit erscheinen mir meine jetzigen Probleme wie ein Zustand des Friedens. Aber natürlich führt man immer noch diesen Kampf mit sich und weiß, dass es Frieden immer nur vorübergehend gibt, man ihn nicht festhalten kann. Ich fühle mich viel wohler mit mir selbst als noch vor einer Weile. Aber ich schreibe immer noch aus Konflikten heraus und weiß auch nicht, ob sie sich jemals lösen lassen.

Empfinden Sie den Song als besonders starke Kunstform?

Ich liebe ihn. Als meinen Beruf. Ich denke über Kunstformen gar nicht nach. Ich bin extrem dankbar, in diesen Beruf hineingestolpert zu sein. Er ist hart, aber ich mag ihn.

Haben Sie das Gefühl, dass einige Ihrer Songs bleiben werden, dass sie zeitlos sind?

Manchmal habe ich das Gefühl, dass, wie ich gerne sage, viele meiner Songs so lange gehalten haben wie ein Volvo.

Sie sind robust.

Offenbar sind sie robust. Dieses letzte Album [*The Future*] finde ich sehr, sehr robust. Wenn es irgendeinen Fehler hat, dann den, dass es ein wenig zu stark gepanzert ist. Es scheint die Resilienz eines kleinen Sherman-Panzers zu haben, als käme es durch jede Landschaft. Ich weiß nicht, ob man so etwas gerne in seiner Garage stehen hat, aber es gibt da eine Art gepanzerte Energie. Ich habe über die Jahre versucht, die Songs robuster zu machen.

Denken Sie, dass sich die Songs weiterentwickeln werden, dass man mit ihnen an neue Orte gehen kann?

Ich glaube schon. Das ist eine sehr gute Frage, und sie betrifft die gesamte Ästhetik. Ich finde es nicht wichtig, dass sie sich verändern oder jemand eine Strategie hat, wie man sie verändern könnte oder experimentell mit ihnen herumspielt. Denn ich denke, dass Songs in erster Linie dazu da sind, jemanden zu umwerben, einen Partner zu finden. Für bedeutsame Dinge. Für die Beschwörung der Liebe, für die Heilung nächtlicher Wunden und für die zentrale Begleitung der Lebensaufgaben. Was keine Kleinigkeit ist.

Ich finde es wichtig, dass sie diese Bedürfnisse ansprechen und nicht selbstreflexiv werden, in formaler, stofflicher Hinsicht. Trotzdem, natürlich werden sie sich verändern. Ich glaube, dass es zwar Songs über das Liebemachen und den Verlust und das Finden der Liebe geben muss.

Wenn man sich allerdings am Rande einer brennenden Stadt befindet, wird das die Sache unweigerlich beeinflussen, auf überraschende Weise, über die man sich keine Gedanken machen muss.

Wie »Lili Marleen« von Lale Andersen, das im Krieg entstand. Ein sehr konventionelles Lied. Ein sehr schönes. Es rührte die Truppen auf beiden Seiten. Menschen, die sich der Feuertaufe unterzogen hatten, sangen »Lili Marleen«, obwohl sie es für das kitschigste Lied der Welt hielten. Ich sehe daher keine Notwendigkeit, an der Form herumzubasteln. Notwendig ist allein, empfänglich für die Welt zu sein.

Haben Sie bestimmte Schreibroutinen? Schreiben Sie jeden Tag zur gleichen Zeit?

Ich stehe sehr früh auf. Ich fülle diese frühen Stunden gerne mit dieser Arbeit.

Das meiste schreiben Sie morgens?

Ja. Ich finde den Morgen klarer. Der Geist ist in diesen frühen Stunden sehr klar.

Jeden Tag?

Normalerweise ja. Manchmal vermassle ich es und gerate in einen Zustand der Resignation und Verwahrlosung. Wo der Verstand und der Körper und das Schreiben und die Beziehungen und alles andere den Bach runtergehen. Ich fange an, zu viel zu trinken oder zu viel zu essen oder zu viel zu reden oder zu viel Urlaub zu machen. Und dann ziehe ich die Grenzen nach, stelle den Zaun wieder auf und schneide die Hecken. Aber wenn es läuft, ist der frühe Morgen für mich am besten.

Mein Wecker klingelt um 4:30 Uhr. Manchmal schlafe ich einfach weiter. Aber wenn ich es gut mit mir selbst meine, stehe ich um 4:30 Uhr auf, ziehe mich an und gehe in ein Zendo [Meditationshalle], nicht weit von hier. Und während die anderen sich vermutlich in Richtung Erleuchtung bewegen, arbeite ich an einem Song. In bestimmten Momenten kann ich das, was ich im Zendo gelernt habe, nämlich die Fähigkeit, mich zu konzentrieren, auf Verse anwenden, die sich mir entziehen.

Nach zwei Stunden komme ich dann wieder nach Hause, so gegen 6:30 Uhr. Ich mache mir eine riesige Kanne Kaffee, setze mich ganz bewusst wo hin, an den Küchentisch oder an den Rechner, und beginne zunächst einmal, die Zeilen, die mir eingefallen sind, aufzuschreiben, damit ich sie nicht vergesse. Und dann spiele ich den Song immer und immer wieder und versuche, eine Form zu finden.

Das sind wunderbare Stunden. Bevor das Telefon zu klingeln beginnt, bevor einen die Welt wieder einholt, in all ihrer verwirrenden Komplexität. Am Morgen ist alles ganz einfach. Eine wunderbare, belebende Zeit.

Stellen Sie fest, dass Ihr Geist immer an Songs arbeitet, auch wenn Sie nicht aktiv arbeiten?

Ja, aber ich arbeite die meiste Zeit aktiv an Songs. Deshalb habe ich kein Privatleben mehr. Ich arbeite hauptsächlich an Songs.

Aus dem Englischen von Cornelius Reiber

WO DIE LANDSCHAFT IN FLAMMEN STEHT

Im Gespräch mit Alberto Manzano, 1993

Auf dem Cover Ihres Albums *The Future* [1992] ist ein Kolibri zu sehen, den wir schon vom Album *Recent Songs* von 1979 kennen. Was hat der Kolibri all die Jahre über gemacht?

Als ich diese Songs schrieb, kam der Kolibri jeden Morgen vor mein Fenster, er kam, um das Herz vor den Handschellen zu bewahren. Sie sind bislang der Einzige, der bemerkt hat, dass es ihn auch auf dem anderen Album schon gab.

Der Song, dem das Album auch seinen Titel verdankt, entwirft eine schreckliche, apokalyptische Vision der Zukunft. Er greift noch einmal den Geist Jesajas und die Botschaft früherer Lieder wie »First We Take Manhattan« und »Everybody Knows« [beide *I'm Your Man*, 1988] auf.

Mir geht es nicht um die Bibel, und ich weiß, dass das Leben, das ich führe, was auch immer das für ein Leben ist, sich meiner Kontrolle entzieht, meinen Absichten.

Ich glaube, dass man mit dem Älterwerden versteht, dass man sich in der Gewalt von Kräften befindet, die größer sind als die, die man zu beherrschen glaubt. Welche Rolle auch immer man lebt, sie hat ihren eigenen Antrieb, läuft von selbst, eine Energie mit eigener Bewegung. Ich tue nicht so, als würde ich einem Propheten nacheifern, aber ich werde auch nicht so tun, als würde ich einer Rolle nacheifern, die nichts mit einem Propheten zu tun hat. Ich gehe einfach dorthin, wo in meiner eigenen Landschaft die Energie zu finden ist.

Wohin geht man, wenn man sprechen will? Wohin geht man, wenn man singen will? Man muss den Ort finden, wo die Quelle liegt oder wo die Nahrung ist, und wenn ich hungrig oder durstig bin, versuche ich herauszufinden, wohin ich gehen muss, damit ich essen und trinken kann. Und ich gehe dann oft dorthin, wo die Landschaft in Flammen steht, wo die Stadt brennt, wo das Meer über die Ufer tritt. Dorthin gehe ich zum Essen und dorthin gehe ich zum Singen. Ich weiß nicht, ob das für irgendjemanden anders eine Bedeutung hat. Aber der Rest der Landschaft ist sehr still und öde, sehr langweilig. Und ich fühle mich dort in Ketten. Ich habe das Gefühl, dass ich dort nicht sprechen kann. Vielleicht sollte ich dort bleiben und nicht sprechen und nicht singen. Aber wenn ich singen will, muss ich dorthin gehen, wo das Meer über die Ufer tritt, wo die Stadt brennt.

In »Democracy«, dem anderen politischen Lied auf *The Future*, verwenden Sie die Bergpredigt als gutes Beispiel für Demokratiebewegungen.

Sie ist ein gutes Beispiel in dem Sinne, dass sie ein Mysterium ist. Genauso wie die Demokratie. Demokratie ist die große Religion des Westens. Wahrscheinlich die größte Religion, weil sie andere Religionen zulässt; wahrscheinlich die größte Kultur, weil sie andere Kulturen zulässt. Aber sie beruht auf dem Glauben, auf dem Verlangen nach Brüderlichkeit, sie beruht auf Liebe und teilt diese Eigenschaften mit religiösen Bewegungen. Sie ist auch insofern wie eine Religion, als sie noch nie wirklich ausprobiert wurde.

Niemand ist bereit, sich ganz der Demokratie hinzugeben. Niemand ist bereit, die Gleichheit aller Phänomene zu bejahen. Niemand ist bereit zu sagen, Nacht und Tag seien gleich, und beide würden auf der Null beruhen. Niemand ist bereit zu sagen, dass Schwarz dasselbe ist wie Weiß, dass das Gute dasselbe ist wie das Schlechte. Niemand ist bereit, sich wirklich eine demokratische Vision zu eigen zu machen, aber die Vision ist da, und wir bewegen uns auf sie zu.

Die Bergpredigt hat ebenfalls diese mysteriöse Qualität. Die Worte klingen in unseren Herzen und Köpfen nach: »Selig sind die Sanftmütigen, denn sie werden das Erdreich besitzen. Selig sind die geistig Armen; denn ihrer ist das Himmelreich.« Wir verbinden mit diesen Worten so viel Potenzial, so viele Möglichkeiten, aber niemand kann wirklich ihren Sinn begreifen, da wir ja sehen, dass die Sanftmütigen in den Staub getreten werden und sie das Erdreich nicht besitzen; wir sehen, dass die geistig Armen in psychiatrischen Kliniken landen, sie sehen Gott nicht, oder wenn sie ihn sehen, sind es schreckliche Versionen von ihm. Genau wie Demokratie, Brüderlichkeit, Gleichheit, Freiheit erreichen diese Worte also unsere Herzen. Wenn es aber um individuelle Entscheidungen geht, sind wir nicht bereit, unsere Stellung aufzugeben, unsere Position gegenüber anderen. Wir haben Angst vor der Vorstellung, unser Zimmer vielleicht mit Fremden teilen zu müssen, unser Herz vielleicht mit Fremden teilen zu müssen, unser Leben mit Fremden teilen zu müssen, mit solchen, die ärmer sind als wir.

Diese Worte klingen also in uns nach, Worte, die die Grundlage unserer religiösen Lehre sind: »Selig sind die Armen, selig sind die Sanftmütigen.« Aber wo sind sie? Wollen wir die Armen wirklich in unseren Restaurants haben? Wollen wir unsere Jacken mit den Bettlern teilen? Wir spüren die Resonanz dieser Lehren in unserem Geist, und sie erzeugen diese Vorstellung, diese Spannung, diese Bewegung hin zu einer Möglichkeit, die wir Christentum nennen, einer Möglichkeit, die wir Demokratie nennen …

Glauben Sie, dass es Hoffnung für diese utopische menschliche Demokratie gibt?

Ich glaube, wir stehen am Anfang eines demokratischen Experiments. Ich glaube, die Idee ist jetzt in der Welt. Sie wird zu einer Art Notwendigkeit, die stärker ist als die Hoffnung, und sie wird zu einer ungeheuren Menge menschlichen Leids führen, wie alle anderen Ideen, die sich ausbreiten, wie Infektionen. Ich weiß nicht, ob die Demokratie absoluten Charakter hat, oder der Islam oder das Christentum, aber sie sind wie Treibstoff – sie bringen die Menschen dazu, zu handeln, ob das gut ist oder schlecht, könnte ich unmöglich entscheiden. Aber wir sehen gerade, dass viele Bevölkerungen auf der Welt ihre Haltung zu Autorität infrage stellen. Demokratie macht alle nervös.

Einige Auswirkungen der amerikanischen Demokratie waren nicht besonders attraktiv. Was ist Ihre Meinung zu der »sanften Revolution«, die [Präsident Bill] Clinton anführt?

Viele Menschen verbinden große Hoffnungen mit dem Sieg des demokratischen Kandidaten. Manche Leute haben zu mir gesagt, dass er die richtige Musik gehört hat, Gras geraucht hat, lange Haare hatte, dass er nach dem Zweiten Weltkrieg geboren wurde, dass er die sozialen und kulturellen Qualifikationen mitbringt, um diese Vision umzusetzen. Ob er das tun wird oder nicht, hängt von einer ganzen

Reihe von Variablen ab, die niemand vorhersagen kann, aber er hat Hoffnung in den Herzen der Menschen entfacht.

Wie Sie wissen, kann ich mit dem Konzept der Hoffnung nicht allzu viel anfangen. Sie ist keines der Gefühle, denen ich mich mit Begeisterung hingebe. Meine Segenswünsche hat die Regierung. Natürlich hofft man, dass sie Erfolg hat. Es gibt so viele soziale Probleme in Amerika, die angegangen werden müssen. Eines der wunderbaren Dinge an Amerika ist, dass die Demokratie hier so wie nirgends sonst auf den Prüfstand gestellt wird.

Sie sagen, dass Liebe eine der Grundlagen der Demokratie ist, aber wie nährt man sie und wird man all den Müll los, unter dem sie begraben liegt?

Liebe ist die Grundlage der Demokratie, aber die Menschen müssen eine gewisse Bildung haben. Die uns fehlt. Demokratie bejaht die Gleichheit der Phänomene. Sie bejaht die Gleichheit der Weißen und der Schwarzen, der Armen und der Reichen. Sie ist voller Affirmationen, voller Anerkennung für die verschiedenen Gruppen der Gesellschaft, aber wenn die Gruppen einer Gesellschaft sich nur als Gruppen erfahren können, wird die Demokratie scheitern.

Es ist wichtig, sich selbst als Mann zu erleben, aber es ist auch wichtig, sich weder als Mann noch als Frau zu erleben. Es ist wichtig, sich als Schwarzer oder als Weißer zu erleben, aber es ist auch wichtig, sich weder als Schwarzer noch als Weißer zu erleben. Während die Demokratie also Schwarz und Weiß und Mann und Frau stärkt, ist sie noch nicht so ausgereift, dass sie auch eine Position begrüßt, die weder schwarz noch weiß ist, weder Mann noch Frau.

Sie deutet diese Weisheit an. Das lieben wir an ihr. Sie deutet an, dass es eine transzendentale Kategorie gibt, die weder schwarz noch weiß ist, weder Mann noch Frau, weder reich noch arm. Aber sie hat noch nicht die Bildungseinrichtungen entwickelt, damit die Menschen sich selbst als weder Mann noch Frau, als weder schwarz noch weiß, als weder Ost noch West, als weder christlich noch islamisch noch jüdisch erfahren lernen. Sie hat keine Bildungseinrichtungen entwickelt, die die Weisheit der Null reifen lassen. Aber wir hoffen, dass das noch passieren wird. Und wir arbeiten auf dieses Ziel hin, jeder auf seine Weise.

Ich erinnere mich an ein Gedicht von Ihnen, in dem es heißt: »Any system you contrive without us / Will be brought down.« [»Jedes System, das ihr ohne uns errichtet / Wird zu Fall gebracht werden.«] Es erschien Anfang der siebziger Jahre in *The Energy of Slaves*. Damals musste man den Verfasser für einen Anarchisten halten.

Anarchismus stellt den Glauben dar, dass Menschen ihre Verträge miteinander aushandeln können, ohne dass ihnen diese von oben aufgezwungen werden. Der Anarchismus begrüßt oder weist darauf hin oder glaubt oder hofft, dass es eine Position gibt, die alle instinktiv verstehen und die es ihnen ermöglicht, Verträge miteinander auf einer persönlichen und rationalen und liebevollen Grundlage zu schließen. Er ist also immer eine attraktive Position, besonders für junge Leute.

Auf Ihren letzten Alben scheinen Sie ganz entschieden einen politischen Kreuzzug zu führen. Warum diese obsessive und nachdrückliche Rückkehr zu revolutionären Formen?

Wenn ich spüre, dass sich der Faschist in meinem Herzen erhebt, sage ich: »Ah, der Faschist ist wieder da.« Der Faschist wird mit der Situation fertig, die Situation ist chaotisch, und der Faschist erhebt sich, und ich mag ihn; er sieht gut aus. »First we take Manhattan, then we take Berlin.« Der Extremist erhebt sich, der Terrorist, der nicht bereit ist, demokratisch zu handeln, auf einer parlamentarischen Ebene. Der Anführer erhebt sich mit seinem schwarzen Hemd und seiner silbernen Schnalle und dem Revolver am Gürtel und sagt: »Ich übernehme das Kommando. Ich will nicht hören, was die anderen alle sagen. Ich will mir keine Argumente mehr anhören. Ich will keine weiteren Positionen mehr hören.«

Und dieser Faschist, dieser Held, erhebt sich, und ich finde ihn attraktiv, aber ich finde ihn auch bedrohlich, und ich setze mich mit ihm auseinander. Und dann kommt der Terrorist von der Linken, der sagt: »Keine eurer Institutionen ist es wert, beschützt zu werden. Erzählt mir nichts über Ordnung, erzählt mir nichts über die Familie, erzählt mir nichts über eure schönen Denkmäler und eure Kunstwerke und eure Museen und eure Restaurants und eure Hotels. Ich will nichts über diese Dinge hören – sie werden alle abgeschafft. Vielleicht geht auch Gutes mit unter. Es täte mir leid. Wenn ein Kind dabei verbrennt, verzeiht mir. Das alles hier produziert nur Leid, es verdient, in die Luft gejagt zu werden, und ich werde es in die Luft jagen.« Und er steht auf, und er ist jung und schön, und sein Hemd ist offen, und er trägt zerschlissene Kleidung, und er hat eine Bombe in der Hand, und er wirft sie. Und ich muss mich mit ihm auseinandersetzen. In Zeiten wie diesen erheben sich diese ganzen Figuren, und sie erheben sich mit aller Macht, und ich stelle mich ihnen, und so ist diese Platte entstanden, in der Auseinandersetzung mit diesen Figuren, die zu jener Zeit so eindringlich mit mir sprachen.

Das Album scheint sich also zwischen diesen beiden Polen zu bewegen, die durch »Democracy« und »The

Future« markiert werden: auf der einen Seite die Vision einer Demokratie, die als »amouröses Aufgebot« kommt, wie es in »Democracy« heißt, und auf der anderen ein wahnwitziges futuristisches Panorama.

Ja, ich glaube, das stimmt, obwohl es da keine Strategie gab. Es sind die Songs, die aus dem Schiffswrack gerettet wurden. Es gab viele Songs, an denen ich gearbeitet habe. Einer hieß »Blue Alert«, ein anderer »My Secret Life«.

Keiner von denen überlebte. [»In My Secret Life« wurde auf *Ten New Songs* von 2001 veröffentlicht, während »Blue Alert« zum Titelsong eines 2006 von Cohen produzierten Albums von Anjani Thomas wurde, die damals seine Geliebte war.]

Auf dem Album sind die, die überlebt haben. Nach drei, vier Jahren fragt man sich: »Was habe ich? Womit habe ich die Zeit zugebracht? Woran habe ich gearbeitet?« Und dann sieht man, was man hat, und meist birgt es irgendeine Wahrheit, hat es eine Art Kohärenz, doch es beginnt nicht mit einer Strategie. Aber es stimmt, man hat entweder »The Future« oder »Democracy«. Irgendwie entsteht zwischen diesen beiden Möglichkeiten eine Spannung, oder es gibt eine Art philosophischen Hintergrund, einen Hintergrund des Mitgefühls wie den Song »Anthem«, der sagt, dass es egal ist, ob man »The Future« oder »Democracy« hat, »there is a crack in everything« [»In allem gibt es einen Riss«], diese Welt ist nicht perfekt. Der zentrale Mythos unserer Kultur ist die Vertreibung aus dem Garten Eden.

Niemand will das glauben, auch nicht, dass die Welt aus einem Sündenfall hervorgegangen ist. Wir stürzen von der Geburt in den Tod, vom Traum ins Scheitern, von der Gesundheit in die Krankheit. So sieht es aus. Wir sind nicht im Paradies. Niemand will das akzeptieren. Es gibt einen großartigen schwarzen Bluesvers, der so geht: »Everybody wants to laugh, nobody wants to cry / Everybody wants to go to heaven, nobody wants to die.« [»Alle wollen lachen, niemand will weinen / Jeder will in den Himmel, und keiner will sterben.«]

Diese Kultur weigert sich also, den Tod anzunehmen. Dabei ist er – man denke an die Vertreibung aus dem Paradies, an die Kreuzigung – der zentrale Mythos unserer Kultur. Aber wir weigern uns anzuerkennen, dass wir aus dem Paradies vertrieben worden sind, und entwickeln utopische Ideen – Sozialismus, Faschismus, Demokratie –, die uns dahin zurückbringen sollen. Aber es gibt diesen »crack in everything«, den Riss oder Sprung in allem, denn dies ist das Reich des Risses, das Reich des Scheiterns, das Reich des Todes, und wenn wir Scheitern und Tod nicht annehmen, werden wir sehr unglücklich sein. Wenn wir den Tod annehmen, werden wir glücklicher sein. Wenn wir das Scheitern annehmen, wird uns mehr gelingen.

Auf dem Album fehlt ein ausdrücklich religiöses Lied, wie Sie normalerweise auf jeder Platte eines haben – Lieder wie »Hallelujah« [*Various Positions*, 1984] oder »The Guests« [*Recent Songs*, 1979]. Liegt das daran, dass Ihr spiritueller Durst gestillt ist?

Ich vermute, er ist gerade gestillt. Es ist kein Durst, aber … ich weiß, was Sie meinen. Ich vermisse das auch auf dieser Platte, aber es war die Platte, die mir zu diesem Zeitpunkt möglich war, und ich glaube, sie ist … wie ein alter Soldat, der seine Uniform und seine Orden anlegt und mit seinem Gehstock und so viel Würde, wie er aufbringen kann, über das Schlachtfeld geht, bis er stürzt. Ich habe das Gefühl, dass die Platte etwas Mutiges hat, etwas Ergreifendes. Ich glaube, es ist eine Platte, die ich mir selbst verzeihen kann.

Ich vermisse aber auch ein paar persönlichere Songs auf diesem Album ...

Ja, ich glaube, ich sollte jetzt einige sehr persönliche Songs schreiben. Der Song »My Secret Life« handelte tatsächlich von meinem geheimen Leben, aber ich konnte es nicht offenbaren. Ich konnte ihn nicht fertigschreiben. Ich werde versuchen, an diesem Song weiterzuarbeiten. In dem Song »Blue Alert« geht es auch um den Rausch der Liebe, der sexuellen Liebe. Ich hoffe, meine nächste Platte wird sich sehr persönlich anfühlen.

Noch einmal zu den spirituellen Songs in Ihrem Werk. Man könnte sagen, dass sie so was wie eine »heilige« Qualität haben. Was denken Sie darüber?

Ich weiß nicht, was ich dazu sagen soll. Ich habe die Musik, die als heilig bezeichnet wird, die kantorale Musik der Kirche und der Synagoge, immer geliebt. Ich weiß nicht, was die Eigenschaft dieser Musik ist, aber ich glaube, das Wort »heilig« trifft es, doch ... Ich weiß nicht, was ich dazu sagen soll. Vielleicht spielen die Songs sich in einer seelischen Landschaft ab, in der es etwas zu gewinnen und etwas zu verlieren gibt. Das vermittelt vielleicht den Eindruck, dass eine Art spiritueller Kampf stattfindet.

Ihr letztes Buch, *Book of Mercy* [1984], scheint im Wesentlichen ein Gebetbuch zu sein. Ist das Gebet für Sie eine Methode, Ruhe und Frieden zu finden?

Das Gebet ist eine gute Methode. Schwimmen ist eine gute Methode. Liebe machen ist eine gute Methode. Tanzen ist eine gute Methode. Aber das wahre Gebet ist, wenn das Beten verstummt.

Sie haben viele Jahre lang Zen-Meditation praktiziert. Glauben Sie, dass sich das in Ihren Songs niederschlägt?

Ich beherrsche keine andere Form der Meditation, weil ich nie eine andere gelernt habe. Vor fünfundzwanzig Jahren begegnete ich einem Mann, und mir gefiel, was er sagte, und mir gefiel, wer er war, und ich begann, bei ihm zu lernen. Sein Name war Roshi Sasaki. Er war ein Roshi; im Rinzai-Zen ist das ein Lehrer. Wenn er Physikprofessor in Heidelberg gewesen wäre, hätte ich wohl Deutsch gelernt und Physik studiert, aber er war nun mal ein alter Mönch, und so begann ich, bei ihm zu lernen, in einer Meditationshalle auf einem Berg in der Nähe von Los Angeles, dem Mount Baldy. Ich weiß nicht, ob ich Fortschritte gemacht habe, und ich weiß nicht, ob ich noch Fortschritte machen kann. Ich weiß, dass ich gerne dorthin gehe und dort sitze, vor allem morgens mit den anderen Mönchen. Ich mag den Geruch des Weihrauchs. Ich mag die Ruhe, den Geruch des Ozons in der Luft. Ich mag die Gemeinschaft der Mönche und Nonnen. Seit ein paar Jahren versuche ich nicht mehr, meinen Geist auf irgendwas in der Meditationshalle zu richten. Ich folge einfach meinen Liedern und arbeite an den Reimen und Versen, wenn ich morgens und abends dort sitze.

Nach allem, was Sie erzählen, scheint es mehr mit der Person als mit der Lehre zu tun zu haben. Wenn man Ihre enge Beziehung zu Roshi kennt, könnte man zu dem Schluss kommen, dass er eine Vaterfigur für Sie ist. Sie hatten immer Freunde, die älter waren als Sie selbst …

Ich kann es nicht mehr beurteilen. Ich habe vergessen, wer oder was er ist. Ich habe vergessen, was er lehrt. Wir wurden Freunde. Aber ich denke schon, dass man es so sehen kann.

Es ist eine derzeit beliebte Denkweise, die psychologische Sicht. Manchmal kümmere ich mich um Roshi; dann ist er wie ein Kind für mich, nicht wie ein Vater. Also ja, er ist ein älterer Mann, und ich hatte immer ältere Freunde, aber ich hatte auch immer jüngere Freunde. Es ist also schwierig, solche Erklärungsmuster anzuwenden, ich wehre mich aber nicht dagegen. Meister, spiritueller Freund, mal Mutter, mal Bruder, mal Kind. Im Grunde besteht das Wesen eines spirituellen Lehrers gerade darin, dir mit einem Selbst zu begegnen, das nicht festgelegt ist. Wenn er wirklich gut ist, wird er in deinem Leben nie zu etwas Festem werden; er wird dir die andere Möglichkeit einer Beziehung anbieten, die nicht fest ist, nicht fixiert.

Sie haben einmal gesagt, dass Roshi der einzige Mensch sei, von dem Sie etwas lernen können.

Vielleicht habe ich das mal gesagt, aber es stimmt nicht. Man kann von vielen Menschen lernen. Man lernt natürlich ständig von seinen Freunden. Und wenn es gute Freunde sind, sagen sie einem auch die Meinung. Sie sagen einem, wenn man zu weit geht oder nicht weit genug. Wenn man gute Freunde hat, kann man sich darauf verlassen, dass sie einen wissen lassen, wo man gerade steht, und bei einem Freund vergisst man auch, wer er ist. Es ist einfach jemand, mit dem man sich sehr wohlfühlt. Und ich sehe Roshi mittlerweile vor allem als Freund. Natürlich weiß ich, dass er ein großartiger Lehrer ist, aber ich habe es aufgegeben, von Roshi lernen zu wollen, und ich glaube, er hat es aufgegeben, mich zu unterrichten, also essen wir jetzt einfach zusammen.

Ich habe gehört, dass Sie Roshi bei der Gründung weiterer Meditationszentren in den Vereinigten Staaten unterstützt haben.

Ich gehöre dort jetzt zu den Älteren, daher ist es nur natürlich, dass ich einen kleinen Beitrag zum Fortbestand der Gemeinschaft leiste.

Als Sie zu meditieren begannen, nahmen Sie zwei Ihrer dramatischsten und traurigsten Alben auf: *Songs from a Room* [1969] und *Songs of Love and Hate* [1971]. Zu dieser Zeit wurden Sie sogar als der »kraftvollste Depressive der Welt« bezeichnet. In Ihrem Fall schien die Depression, die Traurigkeit, eine Quelle der Kreativität zu sein.

Man lebt mit ihr wie mit einem Freund, und man weiß, dass dieser Freund einem auf den Leib rückt, wenn man zu viele Fehler macht. Sie ist wie ein Schatten, mit dem man lebt, der nie verschwindet, und man beginnt einfach, sich auf eine bestimmte Art und Weise zu verhalten, damit sie einen nicht überwältigt. Es ist wie bei einem Ekzem, einer Hautkrankheit: Wenn man die falschen Sachen isst, rötet sich die Haut und schwillt an, und man kann sich nicht mehr bewegen, nicht mehr sitzen und nicht mehr hinlegen. So ist das bei Depressionen. Wenn man das Falsche in sich aufnimmt, fühlt man sich zu schlecht, um weitermachen zu können.

Manche sind der Meinung, dass Sie, kreativ gesprochen, desto besser werden, je mehr Sie leiden.

Es ist ein seltsamer Prozess. Ich behaupte nicht, ihn zu verstehen. Wenn ich ernsthaft an einem Song arbeite, fange ich an, mich sehr unwohl mit mir selbst zu fühlen, und muss Versionen von mir loswerden, die mir dieses Unwohlsein bereiten … Wenn [eine dieser Versionen] zu mir spricht, antworte ich: »Das ist eine Lüge, du musst verschwinden«, aber dieser andere will nicht gehen. Ich muss ihn vertreiben.

Und dann kommt der Nächste an und sagt: »Ich bin du, und ich denke Folgendes.« – »Nein, du bist nicht ich, und auch du musst gehen.« Jede dieser Figuren erhebt sich also und muss getötet werden, oder sie sterben, während sie mit mir sprechen, und das ist unangenehm. Aber man kommt dann an einen angenehmen Ort, an dem man eine Sprache findet, die man akzeptieren kann. Es klingt nach einem langen Weg und einer sehr dummen Vorgehensweise. Aber so mache ich es.

Man konnte früher oft hören: »Wenn man sich wirklich schlecht fühlt, gibt es nichts Besseres als Leonard Cohen.«

Ich schätze diese Verbindung, und ich halte das auch für richtig. Die Sklaven kamen irgendwann an einen Punkt, an dem sie keine Sklaven mehr sein konnten und sich erhoben. Die Schwarzen gelangen an einen bestimmten Punkt, an dem sie sich nicht mehr als Schwarze behandeln lassen können, und sie erheben sich. Die Frauen gelangen an einen Punkt, an dem sie sich nicht mehr als Frauen behandeln lassen können, und sie bestehen darauf, dass sich ihre Lage ändern muss. Sie verlangen neue Versionen von sich selbst; sie verlangen sie von sich selbst, und sie verlangen sie von anderen.

Ich glaube, die nächsten Sklavinnen und Sklaven werden diejenigen sein, die an Depressionen leiden. Und ich glaube, es ist eine reale, universelle Gruppe Betroffener, die Grenzen und Kulturen überschreitet, und dass der nächste große Aufstand, vielleicht der, auf den wir alle warten, der sein wird, wenn die Depressiven – um eine Bezeichnung zu verwenden, die sie nicht wirklich beschreibt –, die Hungrigen sich erheben.

Noch ist der Zeitpunkt nicht da, uns zu erheben, weil wir wissen, dass unser Zustand nicht so dringlich ist wie der Zustand derer, die wirklich hungrig sind, der Zustand derer, die körperlich Hunger leiden. Irgendwann aber werden die nächsten Hungrigen aufstehen und eine Verbesserung ihrer Lage verlangen, von sich selbst und von den anderen. Und in gewisser Weise deute ich diese Möglichkeit an.

Noch mal zurück zum Thema spirituelle Lehren ... Was glauben Sie, ist der Grund für das Scheitern der meisten spirituellen Lehrer, die in den Westen gekommen sind, um eine Spiritualität zu lehren, die angeblich reicher ist als unsere?

Ja, sie sind alle im Westen zugrunde gegangen. Ich will ihre Namen nicht nennen, aber viele Zen-Meister wurden Alkoholiker oder fingen an, mit ihren Schülerinnen oder den Frauen ihrer Schüler zu schlafen. Viele indische Meister gerieten in den Bann amerikanischer Frauen, amerikanischer Bräuche. Die amerikanische Sexualität ist stark, amerikanische Frauen sind stark. Es gibt nur sehr wenige spirituelle Meister, die die Kraft einer amerikanischen Frau erlangt haben. In den Händen einer amerikanischen Frau sind sie wie Kinder.

Der Osten kann viel von Amerika lernen. Es ist eine verbreitete Meinung, dass Amerika ein Kleinkind ist, ein Land, das wenig zu lehren hat. Die Meister kommen mit ihrer alten Weisheit aus dem Osten, erleiden aber alle in Amerika Schiffbruch. Keiner von ihnen überlebt Amerika. Sie müssen alle auf die Knie gehen und anfangen, Amerika zu studieren. Amerika ist das große spirituelle Experiment. Roshi hat oft zu mir gesagt: »Ich habe die Frauen mit dir studiert, Cohen.«

Aber der Osten braucht den Westen, eine Seele braucht einen Körper ...

Natürlich brauchen wir einander wie die Finger einer Hand. Der kleine Finger braucht den Daumen, um etwas festzuhalten.

Haben Sie nach dem Schiffbruch Ihrer Ehe [Cohen hat nie geheiratet] ein Ufer erreicht?

Ich bin schon oft gerettet worden, aber ich habe keine … Es ist sehr nett von Ihnen, dass Sie mich so befragen, als ob ich etwas zu berichten wüsste, aber tatsächlich bin ich der Typ, der zertrümmert ist. Ich bin nicht jemand, der über dieses Zertrümmern als literarisches Mittel spricht. Ich werde von dieser Welt zertrümmert, wirklich zertrümmert, und ich spreche mit Ihnen nur als jemand, der sich in den Fluten an eine Orangenkiste klammert.

Sie haben sich beim Meditieren die Knie ruiniert und Ihr Leben damit verbracht, vor Frauen niederzuknien. Glauben Sie, Sie werden wieder aufstehen können?

O ja, ich kann stehen. Ich bin es leid, so zu tun, als wäre ich vom Beugen gebrochen. Ich bin zu lange auf den Knien gewesen. Ich werde jetzt aufstehen. (*Cohen steht auf.*)

Oh, das war jetzt nicht wörtlich gemeint … Nur noch ein paar Fragen, dann sind wir fertig. Kürzlich hat man Sie an der McGill-Universität in Montreal, wo Sie auch studiert haben, zum Doktor honoris causa ernannt. Was haben Sie da empfunden?

Es ist sehr berührend, von seiner früheren Universität geehrt zu werden, einen roten Doktorhut und Talar zu tragen. Aber diese Momente haben auch eine bedrohliche Seite. Man glaubt wirklich, dies sei das eigene Ende … eine

Trauerfeier. Ich glaube, als Dylan die Ehrendoktorwürde von Yale [eigentlich Princeton] erhielt, schrieb er ein Lied mit dem Titel »Day of [the] Locusts« über die ganzen Heuschrecken, die einfallen und alles auffressen und nichts zurücklassen. Man hat das Gefühl, einen schrecklichen Fehler gemacht zu haben, weil man sich auf einmal in dieser Situation befindet, man für seine Gedichte, seine Lieder geehrt wird. Aber es ist auch ein großartiges Gefühl.

Und was halten Sie von dem Album [*I'm Your Fan*, 1991], das Ihnen die französische Zeitschrift *Les Inrockuptibles* gewidmet hat, mit Coverversionen Ihrer Songs?

Es sind meine jüngeren Brüder, die meine Lieder gesungen haben. Es ist ein gutes Gefühl, aber ... solche Ehrungen haben etwas Endgültiges, etwas von einem Begräbnis. Aber wenn deine jüngeren Brüder deine Lieder singen, ist das wirklich ein schönes Gefühl.

Warum waren Sie nicht bei dem Konzert zu Ehren von Dylan dabei?

Ich glaube, ich war eingeladen, aber ich habe einen Witz gemacht. Don Ienner, der Präsident von Columbia, erwähnte mir gegenüber dieses Konzert, und ich sagte: »Bob Dylan, dieser alte Kommunist. Er hat die Gesellschaft im Alleingang zerstört.« Ich sagte zu ihm: »Meine Tochter hat auf den Rand eines Buches ›Your sons and daughters are beyond your control‹ geschrieben. Vielen Dank, Bob.« Ich weiß nicht, ob sie dachten, dass ich das ernst meine, aber danach wurde ich nicht mehr gefragt.

Was halten Sie von der Ablehnung, die der irischen Sängerin Sinéad O'Connor auf dem Konzert entgegenschlug?

Ich weiß nicht. Ich war nicht dabei. Angeblich haben einige Leute gelacht, geklatscht, andere haben gebuht … Im Grunde sind die Amerikaner der Meinung, dass alle Religionen begrüßt und nicht angegriffen werden sollten, da Amerika von vielen Menschen gegründet wurde, die aus religiösen Gründen verfolgt wurden.

Was sollte Ihrer Meinung nach die Rolle eines Sängers, eines Dichters, in unserer Gesellschaft sein?

Was wir von unseren Künstlern hören wollen, ist die Wahrheit, und wir bringen eine immer größere Zahl von Sprechern, von Künstlern, von Malern hervor, da wir nach vielem Verschiedenem verlangen. Wir wollen den bescheidenen Dichter, den arroganten Dichter, den trinkenden Dichter, den asketischen Dichter, den traurigen Sänger, den fröhlichen Sänger, den ernsten Sänger. Wir wollen den Sänger, der sich zurückgezogen hat, den Sänger, der tanzt. Wir müssen viele verschiedene Arten von Künstlern hervorbringen, die sich mit unserer Lage befassen, die so unübersichtlich ist, dass wir sie kaum in Worte fassen können. Es gibt eine Zeile in einem hebräischen Gebet: »Unsere Bedürfnisse sind so vielfältig, dass wir es nicht wagen, sie zu äußern.« Unsere Bedürfnisse sind so vielfältig, dass wir sie nicht einmal ansatzweise benennen können. Wir bringen also eine ganze Reihe von Figuren hervor, die uns ansprechen sollen, und niemand spricht uns klar genug an. Wir müssen also alle mitarbeiten.

Sie haben einmal gesagt, dass ein Künstler sein Ego zerschlagen muss, um ein Meisterwerk schaffen zu können.

Es ist sehr wichtig für einen Künstler, ein starkes Ego auszubilden. Ohne ein starkes Ego kann der Künstler nicht überleben, denn die Welt sagt immer wieder zu ihm: »Halt die Klappe und geh nach Hause.« Und wenn er kein starkes Ego hat, wird er tatsächlich die Klappe halten und nach Hause gehen. Aber wenn er bei seiner Arbeit, in seinem Werk daran festhält, wird er nichts erschaffen … Das Ego muss im Werk aufgehen. Das meine ich mit »das Ego muss zerschlagen werden«. Wenn er ans Werk herantritt, ans Gebet, und sagt: »Ich bin der Künstler, ich bete zu Gott, ich schaffe ein Meisterwerk, die Musik bin ich«, dann lachen wir natürlich zu Recht über ihn, dann wird er zum Komiker.

Der Komiker löst sein Ego nicht auf, und er führt uns das Ego als etwas Lächerliches vor. Er hält inmitten der Katastrophe an seiner eigenen Version von sich selbst fest. Das ist der Unterschied zwischen dem Komiker und dem Künstler – dass der Künstler inmitten der Katastrophe, von der wir alle wissen, dass wir uns in ihr befinden, sein Ego angesichts der Katastrophe zerschlägt und in sie eingeht. Der Komiker hält an seinem Ego fest, und wir finden das lustig, und wenn der Künstler sein Ego in der Katastrophe auflöst, betrachten wir es als Kunst.

Was halten Sie vom Egotrip, den die allermeisten Popstars einschlagen?

Uns scheint daran gelegen zu sein, dass unsere Sänger und Dichter in der Öffentlichkeit als starke Persönlichkeiten auftreten … Es scheint uns zu unterhalten, wenn sie auf der Bühne ihre Gitarren zerschlagen oder Hotelzimmer verwüsten, unhöflich zu älteren Menschen sind oder sich arrogant oder extravagant verhalten. Wir scheinen das zu mögen und zu unterstützen. Und für die Jugend finde ich diese Haltung auch völlig verständlich und notwendig.

Die Jugendlichen fühlen sich ohnmächtig. Sie haben das Gefühl, nicht in die Gesellschaft vordringen zu können, dass sie die richtigen Hebel nicht bedienen können, dass sie nicht wahrgenommen werden. Also schaffen sie sich Vertreter, die ihre Verachtung für die Mechanismen der Erwachsenenwelt zum Ausdruck bringen. Sie erschaffen sich also ihre Guerilla-Künstler, eben das sind Rock-and-Roll-Künstler meiner Meinung nach. Sie sind Vertreter der Jugend, die die Ordnung bedrohen, die Mauern einreißen. Jugendliche werden immer diese Führer hervorbringen, die der Welt der Älteren mit Verachtung oder Respektlosigkeit begegnen. Auf diese Art werden die Tore aufgebrochen, sodass die Jungen in die Welt der Älteren gelangen können. Ich denke also, dass diese Sorte Künstler notwendig ist, so wie die Dinge jetzt liegen.

Was wir wollen, wenn wir älter werden, ist etwas anderes. Wenn wir älter werden, wissen wir, dass es sich nicht gelohnt hat, in diese Welt vorzustoßen. Dann stellt man fest, dass sie nichts Besonderes ist, dass es keinen Grund gibt, der Welt mit Widerstand zu begegnen.

Wenn man erwachsen ist, wird einem klar, dass es keine Macht gibt in dieser Welt, dass alles nur Schwäche ist, Krankheit und Leid, dass alles aus Scheitern besteht. Was sollten die Jugendlichen uns also wegnehmen? Vor dieser Frage stehen wir, wenn wir erleben, dass sie uns kritisieren und uns unserer Autorität berauben wollen. Unser Leben besteht aus Scheitern und unsere Tage bestehen aus Leid und Neid und Katastrophen, und darum zucken wir mit den Schultern, wenn die Jüngeren uns unsere Welt wegnehmen wollen. Wir wären glücklich, ihnen unsere Welt zu überlassen.

Aus dem Englischen von Cornelius Reiber

ICH BIN DER KLEINE JUDE, DER DIE BIBEL GESCHRIEBEN HAT

Im Gespräch mit Arthur Kurzweil, 1994

Ihr Großvater hat Bücher geschrieben, soweit ich weiß.

Beide meine Großväter waren Männer von Rang. Der Vater meiner Mutter – in seinen hiesigen Veröffentlichungen wurde sein Name transliteriert als »Rabbi Solomon Klonitsky-Kline« – war bekannt als Sar HaDikduki, Fürst der Grammatiker. Er schrieb einen Thesaurus von Talmud-Interpretationen und ein Wörterbuch der Synonyme und Homonyme. Die wurden in höheren Schulen benutzt, bis Israel die Regelung der Grammatik übernahm.

Er war ein wunderbarer Mann. Meine Mutter erzählte mir immer wieder, Leute seien »hundert Meilen weit gereist«, um ihn predigen zu hören. Er war der Rektor der Jeschiwa von Kowno [heute Kaunas, Litauens zweitgrößte Stadt]. Er war ein Schüler von Rabbi Yitzchak Elchanan, ja, mein Großvater war derjenige, der seinem Lehrer auf dem Totenbett die Augen zugedrückt hat.

Er hatte aber auch eine ausgeprägte weltliche Seite. Er ritt beispielsweise gern. Als Lehrer eckte er an, besonders als er sich schließlich in New York niederließ. Davor hatte er in Atlanta gelebt, wo seine Tochter in die Familie Alexander einheiratete, eine jüdische Familie, die 1708 in den Staat Georgia gekommen war. Doch in Atlanta hatte er nichts verloren, also ging er nach New York, schloss sich der Gruppe jiddischer Autoren an, die für den *Forward* schrieben, allerdings glaube ich nicht, dass er für Zeitungen geschrieben hat. Er hat seine Grammatik- und Talmud-Studien fortgesetzt.

Und Ihr Großvater väterlicherseits?

Rabbi Lyon Cohen war ebenfalls ein hoch angesehener Mann, der viele der Institutionen mitbegründete, die das jüdische Leben in Kanada bestimmen sollten. Er war Vizepräsident der ersten zionistischen Organisation Kanadas. Und er reiste ins Gelobte Land.

Eine Reise ins Gelobte Land dürfte damals ein interessantes Unterfangen gewesen sein.

Ja, ein sehr interessantes. Er traf [den Unternehmer und Philanthropen] Baron de Hirsch, und er gehörte zu den Leuten, die für Kanada die Jewish Colonization Association planten und begründeten, eine Vereinigung, die sich der Ansiedlung jüdischer Flüchtlinge in den Prärieprovinzen und auf Bauernhöfen widmete. Er war Gründer der ersten englischsprachigen jüdischen Zeitung Nordamerikas, der *Jewish Times*, die in Montreal erschien, außerdem Mitbegründer der Synagoge Shaar Hashomayim in Montreal.

Waren beide Großväter Einwanderer?

Beide wurden in Europa geboren. Ich glaube, mein Großvater väterlicherseits ist mit drei Jahren hierhergekommen. Sein Vater, ebenfalls ein sehr interessanter Mann, Lazarus Cohen, kam 1860 nach Kanada, zusammen mit seinem Sohn.

Sind Sie nach ihm benannt?

Es gibt eine L-Tradition: Lazarus, Lyon, Leonard.

Ich bin in Ungarn und Polen auf Fans von Ihnen gestoßen. Warum, glauben Sie, haben Sie in Osteuropa so viele Fans?

Ich war in Polen auf Tournee, bevor Solidarność an die Macht kam, und stellte fest, dass ich dort das größte Publikum überhaupt hatte. Leider zahlten die in Złoty, und die ließen sich nicht wechseln.

Jedenfalls war das Publikum riesig, und auch als sich im Westen mein Ansehen gleichsam in Luft auflöste, hatte ich immer noch Anhänger in Osteuropa, insbesondere in Polen. Warum das so ist, weiß ich nicht.

Mein Urgroßvater väterlicherseits kam aus Vilkaviškis, das damals zu Polen gehörte [heute Litauen], und es hat mich sehr gefreut, sagen zu können, ich stamme aus Polen, obschon sie mich nicht als Polen empfanden. Doch interessant war das allemal.

Ich weiß nicht. Natürlich komme ich irgendwie aus dieser Welt. Das war mir nicht verborgen geblieben. Als ich 1959 oder 1960 nach Griechenland ging, hatte ich tatsächlich das Gefühl, heimzukehren: Die Architektur kam mir vertraut vor, das Dorfleben kam mir vertraut vor, dabei hatte ich ja nie in einem Dorf gelebt.

Artikeln über Sie entnehme ich, dass Sie spirituell einiges ausprobiert haben. Gehe ich richtig in der Annahme, dass die Zeile »Did you ever go ›clear‹«? im Song »Famous Blue Raincoat« [*Songs of Love and Hate*, 1971] sich auf Scientology bezieht?

Das stimmt. Ich habe als junger Mann eine Menge ausprobiert, auch Scientology. Das hat aber nicht lange gedauert.

Im Lauf meiner Studien habe ich allerdings festgestellt, wie gut Scientology ist in Sachen Daten, Information, Wissen, Schrifttum. Wirklich nicht schlecht. Ich weiß, dafür hat man nur Verachtung übrig, und ich weiß nicht, wie es heute um diese Organisation steht. Es scheint da einen politischen Bodensatz zu geben wie in allen großen, wachsenden Organisationen. Damals hat mich erstaunt, wie gut organisiert ihre Studien waren. Ja, ich habe das ausprobiert.

Was noch?

Na ja, das reichte von der kommunistischen bis zur Republikanischen Partei, von Scientology bis zu der Wahnvorstellung, ich sei der Hohepriester, der den Tempel wiederaufbauen werde.

Wie passt das Judentum da hinein?

Ich wurde ein sehr ernsthafter Schüler eines Zen-Mönchs. Wobei »dilettieren« wohl zutreffender wäre, denn wer von uns könnte von sich behaupten, diese Dinge wirklich begriffen zu haben? Ich kann mich erinnern, dass Allen Ginsberg mich einmal gefragt hat: »Wie kannst du das mit dem Judentum in Einklang bringen?« Er selbst war damals Schüler von Chögyam Trungpa [einem tibetischen buddhistischen Meister, Schriftgelehrten und Begründer des Naropa Institute]. Ich sagte, ich gerate deswegen in keinen Konflikt. Allerdings gehörte die Organisation oder vielmehr der Mann, mit dem ich zu tun hatte, zu einer ganz anderen Richtung als Trungpa. Da war alles viel weniger streng geregelt.

Wie Sie wissen, gibt es in der Zen-Bewegung praktizierende Juden. Tatsächlich gibt es in Los Angeles einen Dharma-Lehrer, den Nachfolger eines Roshi, und der ist meines Wissens verheiratet mit der Tochter eines orthodoxen Rabbiners. Im Zendo praktiziert er sein Judentum, ganz ähnlich wie Trappisten in ihrem Kloster ein Zendo hatten. Ich finde nicht, dass verschiedene Religionen einander ausschließen müssen. In Japan werden Shintoismus und Zen oft nebeneinander praktiziert. Tatsächlich gab es im Osten immer wieder Zeiten, in denen Buddhismus nicht als Religion galt. Und in der Form, wie er mir von meinem Lehrer vermittelt wurde, kann es keinen Konflikt geben, denn da wird weder mit Gebeten gehuldigt noch von einer Gottheit gesprochen.

Das hat also Platz?

Was heißt da Platz? Auf die Frage, was Zen seinem Wesen nach ausmache, antwortete ein Patriarch: »Große Leere und nichts Besonderes.« Das Judentum hat also nicht nur Platz, sondern da gibt es grenzenlos viel Raum für jegliche geistigen Konstrukte.

Ich habe einen extrem guten Glauben geerbt. Ich habe keinen Grund, den abzulegen. Im *Hollywood Reporter* stand neulich [12. Oktober 1993], ich werde als Off-Sprecher eines Films des National Film Board of Canada über das *Tibetische Totenbuch* fungieren. Und dann schrieben sie etwas in der Art von: »Wir hätten erwartet, dass man Richard Gere anfragen würde, doch stattdessen hat man Cohen, einen Buddhisten, gefragt.«

Ich habe denen geschrieben: »Meine Mutter und mein Vater seligen Angedenkens wären entsetzt gewesen, wenn sie gehört hätten, dass ich als Buddhist bezeichnet werde.« Ich schrieb: »Ich bin Jude.« Und ich schrieb: »Vor einiger Zeit erregte das wirre Gefasel eines alten Zen-Mönchs

[Roshi Sasaki, Begründer des Zen-Zentrums Mount Baldy in Kalifornien] meine Neugier. Erst neulich sagte er zu mir: ›Leonard, ich kenne dich jetzt seit fünfundzwanzig Jahren, und ich habe nie versucht, dir meinen Glauben zu vermitteln. Ich habe dir einfach nur Sake eingeschenkt.‹ Ich erhob mein Glas und sagte: ›Rabbi, du bist fürwahr das Licht deiner Generation.‹«

So empfinde ich das. Ich habe in seinem Umfeld sehr beeindruckende junge Juden kennengelernt: Das Oberhaupt des Ithaca Zen Center stammt aus einer Rabbinerfamilie, die sieben Generationen zurückreicht. Er hat das Gefühl, einen echten Rabbiner gefunden zu haben. Und mir geht es genauso.

Anders gesagt: Es gibt im Zusammenhang mit dem Absoluten etwas, das nicht verhandelbar ist, eine Weigerung, Eigenschaften des Absoluten zu benennen, und das entspricht meinen tiefsten Überzeugungen und Bedürfnissen, was die Dinge betrifft, die man mich gelehrt oder auf die man mich hingewiesen hat.

Dieser junge Mann ist also der Meinung, dieser alte Mann sei das Wahre, der reinste Ausdruck der Wirklichkeit, die im Schma Jisrael [einem jüdischen Glaubensbekenntnis] ausgedrückt wird: Es gibt nur eines, und vergiss den Gedanken, es könnte etwas anderes geben. Es gibt eine absolute Einheit, die sich auf dieser Ebene manifestiert, und auf allen Ebenen, und nichts kann diese Erkenntnis infrage stellen.

Zen oder zumindest die Tradition, in der dieser Lehrer steht, scheint eine Landschaft zu bieten, in der praktizierende Juden ihre tiefsten Bedürfnisse nach dem Absoluten leben können.

Es gibt eine Geschichte, die ist vielleicht apokryph, aber die Fakten stimmen; man müsste allenfalls gewisse Details überprüfen. Also: Als der erwähnte junge Mann an der Cornell University studierte, begann er bei diesem alten Lehrer Unterricht zu nehmen. Der Leiter des Chabad-Hauses, glaube ich, sagte zu einem anderen jüdischen Studenten: »Du hast studiert und große Fortschritte gemacht, dein Verstand ist gereift. Geh jetzt auf den Berg und bring David zurück.« [Chabad ist das Akronym der hebräisch kabbalistischen Begriffe »Chochma«, »Bina« und »Da'at«, also »Weisheit«, »Verständnis« und »Wissen«. Es bezieht sich auf die chassidische Gruppierung Lubawitsch.] David war der Name des abtrünnigen Studenten, der diese fremden Lehren übernommen hatte und ein Leben »biblischer Reinheit«, wie man sagen könnte, führte. Er war sehr leidenschaftlich, hatte ein leidenschaftliches Herz.

Der zweite David – sie heißen beide David – macht sich bereit, geht auf den Berg, setzt sich zum ersten David und sagt: »Was ist hier los? Es reicht. Du hast genug LSD genommen, genug Pilze gegessen, genug fremden Götzen gedient. Komm zurück und trag deine Bürde.«

Darauf sagt der erste David: »Bleib ein Weilchen bei mir.«

Nun, die Geschichte läuft darauf hinaus, dass der zweite David Chabad aufgab und mit dem ersten David studierte, da auch er fand, das sei das Wahre.

Wir leben in einer Zeit, in der ein radikaler Umgang mit diesen Dingen vielleicht nicht gutgeheißen, aber immerhin toleriert wird. Und ich glaube, wir leben in einer Zeit, in der diese Beziehungen ganz neu definiert werden müssen.

Ich bin in einer jüdischen Familie aufgewachsen mit Eltern, die dem Judentum Respekt zollten, und besuchte vor meiner Bar-Mizwa eine konservative Hebräischschule. Dann aber stieß ich auf [den spirituellen Lehrer und Weggefährten von Timothy Leary] Ram Dass ...

Dann kennen Sie all das ja.

Ich habe immer das Gefühl gehabt, diese Dinge haben mich für das Judentum geöffnet.

Das verstehe ich.

Und jetzt: »There's a crack in everything; that's how the light gets in.« [»In allem gibt es einen Riss; dadurch dringt das Licht herein.« »Anthem«, *The Future*, 1992] Für mich ist das eine ausgesprochen jüdische Idee ...

Für mich auch.

Ist es auch eine Zen-Idee?

Ich habe keinen Schimmer, was eine Zen-Idee ausmacht! *(Kurzweil lacht.)* Ich weiß, wie gesagt, nicht sehr viel über Zen oder Buddhismus, weil ich nie nach einem neuen Glauben gesucht habe. Als ich jung war, habe ich mir verschiedene Sachen angeschaut, einfach weil es sie gab. Man traf ein Mädchen oder sonst jemanden und hat mitgemacht. Ich hatte eine gute jüdische Erziehung. Ich kann mich erinnern, wie ich mit meinem Großvater das Buch Jesaja studiert habe. Er war damals schon hochbetagt. Er las mir eine Passage vor, sagte etwas dazu, nickte ein; als er sich wieder rührte, rutschte sein Finger zurück zum Anfang der Passage, er fing von vorn an, erläuterte den Vers erneut. Wir haben ganze Abende mit der Auslegung eines einzigen Verses verbracht.

Ich hatte also eine klare Vorstellung davon, was jüdisches Leben bedeutet. Meine Familie war in der Gemeinde äußerst engagiert. Das war kein Witz.

Allerdings.

Und das war keine theoretische Angelegenheit. Die Hebrew Free Loan Society: Da konnten die Leute gratis Geld leihen! Die Umsetzung einer jüdischen Idee in die Tat. Solche Dinge sah ich ständig um mich herum. Ich stellte auch fest, dass meine Familie ihre Geschäfte auf eine ethisch hochstehende, ehrenhafte Weise führte, was großen Eindruck auf mich gemacht hat.

Das also habe ich gesehen. Und wie gesagt, ich weiß nicht so recht, was es mit Zen-Ideen auf sich hat. Ich habe einfach nur einen alten Mann kennengelernt. Ich weiß nicht, wie authentisch er seine Tradition repräsentiert. Ich weiß nur, dass er einen Raum geschaffen hat, in dem ich mit dem Herrn tanzen konnte, und einen solchen Raum habe ich nicht an vielen Orten gefunden.

Warum haben sich so viele jüngere Juden wie wir dem Osten zugewandt? Sie haben das Leben in jüdischen Gemeinden und Organisationen aus der Nähe beobachtet, was daran war abschreckend?

Ich bin gemäß der konservativen Tradition erzogen worden, vor der ich großen Respekt habe. Ich bin Mitglied meiner Synagoge. An Freitagabenden zünde ich die Kerzen an. Mir ist das Ganze sehr nah. Aber ich glaube, es ist uns nicht gelungen, ein Meditationssystem zu schaffen, das den tiefsten Bedürfnissen unserer besten jungen Leute entspricht, die nach der Erfahrung des Absoluten dürsten. Wir haben das zu wenig ernst genommen.

Ich glaube, in unserer Gemeinschaft gibt es eine Menge Atheisten und Agnostiker. Viele sind wohl nur dem Namen nach Juden. Ich glaube aber auch, dass es Leute gibt, die tiefgläubig sind, die echte religiöse Erfahrungen gemacht haben, die umfangen wurden, die gespürt haben, wie sie umfangen wurden und wie sie sich selbst im Gebet auflösten, wie das Gebet sie betete.

Und diese Dinge gibt es durchaus auch in unserer Literatur; nehmen wir ein Buch von Martin Buber zur Hand oder eine chassidische Erzählung, dann wird so etwas angedeutet. Doch im Mainstream galten solche Dinge als Aberglaube. Das war sehr unbefriedigend, und deshalb haben viele unserer hellsten Köpfe vergeblich danach Ausschau gehalten.

Ich glaube auch, dass das prophetische Element, das es im Judentum gibt, die Weltsicht, wie sie beispielsweise Jesaja in Worte fasst, nicht ernst genug genommen wird. Nachdem ich viele Jahre bei meinen alten Zen-Lehrer studiert hatte, ruinierte ich mir die Knie und konnte nicht mehr im Meditationsraum üben. Erst da begann ich mein Judentum auf eine Weise zu praktizieren, wie ich es noch nie getan hatte: jeden Morgen Tefillin [zwei kleine schwarze Lederkästchen, die Verse aus der Thora enthalten und an Gebetsriemen befestigt sind] anzulegen und das Achtzehnbittengebet [das Hauptgebet im jüdischen Gottesdienst] zu sprechen, zu begreifen, dass es diese achtzehn Schritte gibt und sie eine Leiter darstellen, dass man sich auf den Tag vorbereitet, wenn man jede dieser Bitten durchdringt.

Man beginnt ganz unten, kann dann das Kinn über das Fenstersims heben und hinausblicken in eine Welt, die man gutheißt.

Der tatsächliche Nutzen der Liturgie und unserer Weisheitsbücher, wie real sie sind, mit weißem Feuer auf schwarzes Feuer oder schwarzem Feuer auf weißes Feuer geschrieben – so steht es ja in der Thora –, dass man es da mit etwas Leidenschaftlichem und nicht Verhandelbarem zu tun hatte – von alledem hatte ich während meiner religiösen Erziehung nichts mitbekommen. Doch das sollte man.

Andere Gruppierungen haben das durchaus so erlebt, doch sie schienen vergessen zu haben, dass wir alle einer Bruderschaft unter dem Allmächtigen angehören. Sie betonten das Exklusive, schienen Nationen und Goiim zu verachten. Diese Exklusivität konnte ich nicht akzeptieren, und vielen, die ich kenne, geht es genauso.

Sie haben mich ja gefragt, warum viele unserer hellsten und besten Köpfe die Tradition nicht übernehmen wollen. Weil die Tradition sich selbst verraten hat, weil auf die messianische Entwicklung und auf die Meditationssysteme kein Wert gelegt wurde und weil wir keine Lehrer haben, die uns einladend begegnen.

Es ist nicht sehr einladend, wenn man sagt: »Tu dies, sonst knallt's!« Gottes Gnade wird nicht betont, sondern nur die eine Seite des Baumes, die mit Gerechtigkeit und Urteilen zu tun hat, und diese dafür umso heftiger. Doch von der anderen Seite wird nicht gesprochen, und entsprechend wenig bekannt ist sie. Entsprechend wenig wird sie erfahren. Wir brauchen ein System, das solche Dinge erfahrbar macht, aber nicht exklusiv ist, nicht ein einziges Element der Menschheit gutheißt und alle anderen verachtet.

Als ich in Büchern zu östlichen Religionen herumlas, wurde Reinkarnation immer als gegeben angenommen. Ohne sie ergab nichts einen Sinn, doch mit ihr schien alles einen Sinn zu haben. Später erfuhr ich, viele der bedeutendsten jüdischen Weisen hätten ihrerseits von der Reinkarnation der Seele gesprochen. Können Sie etwas damit anfangen?

Ich denke nicht sehr intensiv über solche Dinge nach. Reinkarnation scheint zu einer konzeptuellen Ansicht zu gehören, aus der sich durchaus legitime Argumente herleiten lassen. Wenn ich »konzeptuell« sage, dann meine ich das nicht negativ. Ich meine, dass dabei der Verstand, Ideen und Erfahrungen beteiligt sind. Ich kann mit einer Menge sehr faszinierender konzeptueller Thesen etwas anfangen, die Reinkarnation gehört dazu.

Doch sie ist nicht so dringlich wie das, was im Moment von uns gefordert wird: dass wir uns uns selbst und unserem Schöpfer gegenüber richtig verhalten, die absolute Forderung, gegen unser Geburtsrecht und unsere Position als Menschen nicht zu verstoßen.

Wenn ich frage: »Was ist mit der Reinkarnation?«, sagt mein alter Lehrer: »Tibetisches Märchen.« So sieht er das. Damit will er diese Vorstellung nicht etwa verunglimpfen. Was er meint, ist wohl: »Gibt es nicht Wichtigeres, über das du nachdenken solltest? Deine Position im Kosmos steht gegenwärtig auf dem Spiel. Wie willst du dieses Problem angehen? Wie möchtest du mit mir in diesem Zimmer sein?« So ähnlich sehe ich das auch.

Wir haben vorhin darüber gesprochen, wie man vielen von uns das Judentum verleidet hat. Auch die Lyrik hat man vielen von uns verleidet.

Ich muss mich da ausnehmen: Mir wurde das Judentum nicht verleidet. Ja, ich habe falschen Götzen gedient, und vielleicht tue ich das noch. Doch was ich gesehen habe … man erzählt sich so dies und das. Ich bin in einer katholischen Stadt aufgewachsen, und meine katholischen Freunde erzählten Horrorgeschichten über den Katholizismus, und meine jüdischen Freunde erzählten Horrorgeschichten über das Judentum. Ich nicht. Ich habe mich nie bewusst gegen meine Eltern aufgelehnt, nicht einmal, als ich LSD nahm und in New York im Chelsea Hotel lebte. Es wäre mir nie eingefallen, meiner Familie die Schuld zu geben, meiner Stadt, meiner Religion, meiner Sippe, meinem Schicksal, meiner Position. Ich fand das, was meine Familie praktizierte, immer toll, und habe es auf meine eigene bescheuerte Weise weiterzuführen versucht.

Was nun die Lyrik betrifft ...

Genau, die Lyrik. Ich leite den Jewish Book Club. Wir verkaufen Bücher an zweiundzwanzigtausend Haushalte, eine Menge Bücher. Aber Lyrik verkauft sich nie. Doch wie Sie sehen, setze ich mich darüber hinweg und biete Ihr neues Buch trotzdem an. *(Cohen lacht.)* **Was glauben Sie, warum? Ich habe in der Highschool meine eigenen Horrorgeschichten erlebt, die Art, wie dort Lyrik kaputt gemacht wurde. Wie sehen Sie das?**

Ich glaube, in ihrer reinen Form ist sie nicht für jedermann. Das ist wie mit Bienenpollen. Es ist natürlich ganz nett, Honig im Kuchen zu haben, aber es gibt Puristen, die mögen lieber Pollen und Propolis. Das sind Bienensektierer.

So sehe ich das mit der Lyrik. Der Honig der Poesie ist überall – in einem *National Geographic*-Artikel, wenn er klar und schön geschrieben ist, in Filmen ... Er ist überall. Wenn etwas nach Bedeutung schmeckt, dann sprechen wir von Poesie. Und wenn etwas besondere Bedeutsamkeit verströmt, dann sprechen wir vielleicht nicht von Poesie, aber wir erfahren sie.

Ich war als Kind total süchtig nach dem Zeug. Ich liebte es, schon als ich zum ersten Mal darauf stieß: in den Liedern, die meine Mutter sang, in der Liturgie, in der Popmusik. Da klang etwas in mir an. Da wurde der ganze Kosmos umarmt. Nicht nur mein Herz, alle Herzen wurden angesprochen, Einsamkeit verflüchtigte sich, und man hatte das Gefühl, dieses schmerzerfüllte Wesen inmitten dieses schmerzerfüllten Kosmos zu sein, und der Schmerz war okay. Er war nicht nur okay, sondern er war eine Möglichkeit, die Sonne und den Mond zu umarmen.

Dann habe ich mich der Popmusik zugewandt. Ich hatte das Gefühl, die Poesie dort wirklich ausdrücken zu können. Es nur auf dem Papier zu tun, reichte mir nicht. Ich wollte sie leben! Und zwar nicht bei Lyriklesungen, obschon dagegen nichts zu sagen ist. Für mich gehört eine Laute dazu, ein zehnsaitiges Instrument. Und so wandte ich mich der Ausdrucksform zu, in der ich mich verlieren konnte.

Es gibt für Sie also keinen Unterschied zwischen einem Gedicht und einem Songtext?

Kommt darauf an, was man für ein Leben führen will. Man kann das Subjekt sein, und die Lyrik ist das Objekt. Man kann diese Subjekt-Objekt-Beziehung beibehalten, und das ist völlig legitim. Das ist der Blickwinkel des Gelehrten.

Ich hingegen wollte diese Welt leben. Wenn ich die Psalmen las oder wenn die Thora hochgehoben wurde mit den Worten »Etz chajim hi la-machazikim bah« [»Sie ist ein Lebensbaum für die, die sie begreifen.« Dieser Vers wird allerdings von der Gemeinde gesungen.], dann lief es mir kalt über den Rücken. Ich wollte derjenige sein, der die Thora hochhielt. Ich wollte das sagen können. Ich wollte in dieser Position sein. Als man mir sagte, ich sei ein Kohen, da glaubte ich es. [»Kohen« ist hebräisch für »Priester« und der Ursprung des Namens »Cohen«.] Ich wollte weiße Gewänder tragen, das Allerheiligste betreten und mich mit den tiefsten Schätzen meiner Seele befassen.

Ich nahm das Ganze also ernst. Ich war ein kleiner Junge, und was man mir über diese Dinge sagte, ließ etwas in mir anklingen. Ich wollte die Gestalt sein, die sang. Diese Welt schien mir offen zu stehen. Und auf meine bescheidene

Weise wurde ich für mich selbst zu dieser Gestalt. Das bedeutete Poesie für mich. Und die ist jedermann zugänglich.

Wollten Sie vorhin sagen, dass es einen Zusammenhang gibt zwischen der Tatsache, dass Ihre Knie kaputtgingen, und der Tatsache, dass Sie die Vorschriften der Thora zu befolgen begannen? Was ist überhaupt mit Ihren Knien passiert?

Ich bin umgefallen. Ich bin nachts über einen Berg gelaufen und dabei gegen eine Mauer gerannt. Eine niedrige Steinmauer. Ich kippte darüber, dabei wurden meine Knie schlimm verletzt, und ich musste einen mikrochirurgischen Eingriff über mich ergehen lassen. Zum Glück war in beiden Knien nur der Meniskus gerissen. Das tat weh, war aber keine Katastrophe.

Aber ich konnte meine Übungen nicht mehr machen. Ich war es gewohnt, aufrecht dazusitzen, schweigend, mit gekreuzten Beinen und geradem Rücken, wie es der Buddha gelehrt hat. Viel mehr hat er nicht gesagt, als dass man sich hinsetzen, sorgfältig die Beine unter sich verschränken und sich aufrichten solle. Den Rest muss man selbst herausfinden.

Und plötzlich waren Sie in einer Situation, in der Sie das nicht tun konnten?

Ja. Ich hatte Freunde, die Rabbiner waren, insbesondere einen, Simcha, den Leiter des Chabad an der McGill University. Wir trafen uns, um zu reden – und zu trinken. Ein formell orthodoxes Leben zu führen, fand ich interessant, aber ich hatte das selbst nie getan. Doch nun spürte ich das Bedürfnis danach. Ich fragte mich: »Was hat es mit den Tefillin auf sich?« Ich hatte die Tefillin meines Großvaters geerbt. Sie befanden sich in einem Sack. Und ich fragte mich: »Was ist das? Was sind die Morgengebete?« Ich begann mich damit zu beschäftigen, sie zu studieren, sie zu sprechen, versuchte, sie zu durchdringen.

Meine Studien bei dem alten Zen-Mönch, meine Erfahrungen im Zendo hatten mich dafür geöffnet. Ich sah, dass ich mit diesem Material etwas anfangen konnte, wie exquisit und kunstvoll diese Gebete gemacht waren, dass sie von Köpfen entwickelt worden waren, vor denen man sich ehrfürchtig verneigen muss.

Ich begann also diese Form zu praktizieren, das war eine sehr glückliche Heimkehr. Mein Buch *Book of Mercy* [1984] entstand in dieser Zeit. Ich versuchte, dieser Tradition eine winzige Hommage zu erweisen, einer Tradition, die mir vorenthalten geblieben war.

Wenn ich Ihnen zuhöre, sehe ich Ihren Großvater mütterlicherseits vor mir, der immer wieder zum selben Vers zurückkehrt. Er hat etwas gesehen und erreicht.

O ja. Er war ein wunderbarer Geist. Er schwamm darin. Er konnte gar nicht herauskommen.

Gegenüber der rabbinischen Sicht hatte er eine konfrontative, kriegerische Einstellung. Etwas daran gefiel ihm ganz und gar nicht. Doch er konnte unmöglich etwas anderes sein als Rabbi Solomon Klonitsky-Kline.

Kurz vor seinem Tod schrieb er noch an einem Wörterbuch, ohne dass dabei Nachschlagewerke zum Einsatz kamen. Er war schon etwas hinüber, aber selbstbewusst genug, um sich hinzusetzen. A ... B ... C ... Er gehörte tatsächlich zu den Menschen, die mit einer Stecknadel in eine Seite stechen und sagen konnten, was für einen Buchstaben sie auf der Rückseite durchbohrte. [1917 berichtete der Psychologe George Stratton in der Psychological Review von einer Gruppe polnischer Talmudgelehrter, die sich alle 5422 Seiten des Talmuds dermaßen eingeprägt hatten, dass sie, wenn man mit einer Stecknadel durch eine Seite stach, sagen konnten, welches Wort auf der Rückseite getroffen wurde.]

Stimmt es, dass Ihr Vater Ihnen einen in Leder gebundenen Lyrikband gab, der Sie tief geprägt hat?

Mein Vater hinterließ mir eine ganze Bibliothek voller Lyrikbände. Als er seine Bar-Mizwa hatte, war es in Montreal wohl üblich, dass man in Leder gebundene Bücher mit englischer Lyrik verschenkte. Ich erbte seine Bibliothek. Und vielleicht erfinde ich gerade etwas, denn es klingt sehr unwahrscheinlich, aber ich glaube, er gab mir das Buch *The Romance of the King's Army*. [Dieses Buch von A. B. Tucker erschien 1908.] Er war ein Verfechter der Armee, ein Patriarch, ein Gentleman aus dem Zeitalter König Edwards VII.

Er trug ein Monokel. Er trug Gamaschen und hatte einen Stock. Wenn er ausging, dann hingen seine militärischen Auszeichnungen an seinem Smoking. Er war eine äußerst distinguierte, wunderbare Erscheinung. Sehr diszipliniert.

Kurz vor seinem Tod gab er mir also dieses Buch. Am Anfang steht ein Zitat, das mich wirklich erstaunte: »Du ahnst nicht, mein Sohn, mit wie wenig Weisheit die Welt regiert wird.« Der Inbegriff der religiösen Position ist, dass eine Welt, die ohne Gott regiert wird, eine Welt der Torheit ist. »Du ahnst nicht, mein Sohn, mit wie wenig Weisheit die Welt regiert wird.« Einem Achtjährigen so etwas zu geben … das war eine sehr, sehr eindringliche Botschaft. Kurz danach ist er gestorben.

Doch das schien die säkulare Position zu entkräften. In der Welt konnte es keine Weisheit geben. Man musste sich anderswo hinwenden.

(Kurzweil und Cohen sitzen längere Zeit schweigend da.)

Warum ein Monokel? Eine Frage des Stils?

Ich glaube, die wurden entwickelt, um minderwertige Subjekte ins Auge zu fassen. *(Beide lachen.)*

Ihr hebräischer Name ist Eliezer. Was war der hebräische Name Ihres Vaters?

Nissan, Nathan. Heute wäre das Natan, nicht?

Ja, Natan. Da wir über diese Dinge sprechen, geht mir folgende Zeile im Kopf herum: »I am the little Jew / Who wrote the Bible.« [»Ich bin der kleine Jude / Der die Bibel geschrieben hat.« »The Future«, *The Future*, 1992]

Das war mir spontan eingefallen, und ich fragte mich, ob ich die Zeile behalten sollte. Aber so fühle ich mich nun mal. Ich habe wirklich das Gefühl, das sei meine Position.

Als ich überlegte, ob ich Sie zu diesem Gespräch einladen sollte, und Ihr Buch für den Jewish Book Club auswählte, ohne Sie persönlich zu kennen, da fragte ich mich, ob Sie »der kleine Jude, der die Bibel geschrieben hat« oder »der jüdische Dichter« sein wollen.

Oh, ich bin der kleine Jude, der die Bibel geschrieben hat. »You don't know me from the wind / You never will, you never did.« [»Du kannst mich vom Wind nicht unterscheiden / Das wirst du nie, das hast du nie getan.«] Das sage ich den Nationen. »I've seen the nations rise and fall / I've heard their stories, heard them all / But love's the only engine of survival.« [»Ich sah die Nationen aufsteigen und fallen / Ich hörte die Geschichten, hörte sie alle / Doch die Liebe ist das einzige Mittel, um zu überleben.«]

Ich weiß, was es braucht, um zu überleben. Ich weiß, was ein Volk braucht, um zu überleben, und nun, da ich älter werde, schrecke ich weniger vor solchen Ansichten zurück, denn ich habe begriffen, dass wir tatsächlich diejenigen sind, die die Bibel geschrieben haben. Und, wenn wir in Höchstform sind, bewohnen wir eine biblische Landschaft, und dort sollten wir uns situieren, ohne uns zu entschuldigen.

Denn diese Dinge, Erfahrungen wie der brennende Dornbusch, solche Erfahrungen zu verkünden, ist unsere Verpflichtung. Sonst hat das ganze Retten, Verkünden oder Erlösen keinen Sinn: Wir müssen der Aufforderung Folge leisten, in diese biblische Landschaft zu gehen.

Doch was ist die biblische Landschaft? Sie ist der Sieg der Erfahrung. Den feiert die Bibel. Den Sieg der Erfahrung. Deswegen ist es absolut notwendig, diese Dinge zu erfahren, ebenso wie eine Form der Lehre, die dem Schüler ermöglicht, diese Episoden zu verkünden, zu erfahren, die durch die Bibel hindurchbrennen, aber heute in den Bereich der Wunder oder des Aberglaubens verbannt sind.

Die Geschichte von Isaak. Wir lesen sie jeden Morgen.

Ja, diese Bindung! Das also lernte ich von meinem alten Lehrer, meinem alten Rabbiner. Und als ich den Autor Leon Wieseltier auf den Mount Baldy brachte – er schrieb darüber im *New Yorker* [»The Prince of Bummers«, *The New Yorker*, 26. Juli 1993] – sagte ich ihm: »Ich gehe in die Synagoge. Wollen Sie mitkommen?«

Harry Rasky, ein kanadischer Filmemacher, machte einen wunderbaren Film über den Holocaust [*To Mend the World*, 1987]. Als er in Schwierigkeiten geriet, sagte ich ihm: »Komm mit in die Synagoge.« Er kam, setzte sich hin und studierte bei meinem alten Lehrer.

So ist das. So habe ich mir einen chassidischen Hof vorgestellt.

Ich glaube, dass wir diese Erfahrung in unsere Traditionen einbringen können. Ich sehe sie als eine Art Trainingszentren. So war das einmal. Es gab Juden, die, in einer großartigen Phase unserer Geschichte, bei Sufi-Meistern studierten und dieses Wissen zurückbrachten, und umgekehrt.

Doch dieses Exklusivitätsdenken … Ein selbstbewusstes Volk sollte sich nicht exklusiv verhalten. Eine großartige Religion heißt andere Religionen gut. Eine großartige Kultur heißt andere Kulturen gut. Eine großartige Nation heißt andere Nationen gut. Ein großartiges Individuum heißt andere Individuen gut.

Aus dem Englischen von Thomas Bodmer

VIELLEICHT GIBT ES EINEN VIERTEN AKT

Im Gespräch mit Jian Ghomeshi, 2009

Es freut mich sehr, hier bei Ihnen zu sein. Sie kommen gerade aus Indien zurück, sind in New York aufgetreten, waren in L. A. und sind beinahe ein Jahr lang auf Tournee gewesen. Hat dieses Haus, das Ihnen seit fünfunddreißig Jahren gehört, für Sie die Bedeutung einer Zufluchtsstätte?

Na ja, das ist wohl für die meisten Leute so. Aber ich bin schon sehr froh, hierher zurückkehren zu können.

Was tun Sie dann als Erstes?

Glühbirnen ersetzen. *(Lacht.)*

Aber es ist Ihre Zufluchtsstätte?

Ja. Meine Kinder sind größtenteils hier aufgewachsen. Mein Enkelkind kommt hierher. Und ich habe eine Waschmaschine, die alle aus der Nachbarschaft benutzen.

Haben Sie je überlegt, das Haus aufzugeben?

Immer wieder. Ein Haus in Montreal ist nicht pflegeleicht. Die Leitungen können einfrieren, das Dach kann lecken, deshalb sage ich mir manchmal, dass der Aufwand eigentlich nicht gerechtfertigt ist, so selten, wie ich herkomme. Aber sobald ich hier bin, verflüchtigt sich dieses Gefühl.

Erzählen Sie etwas von der Tournee. Losgegangen ist sie im Mai letzten Jahres. Und Sie haben noch eine ganze Reihe von Konzerten vor sich. Man hat den Eindruck, Sie fühlen sich wohl auf der Bühne. Das Konzert im Beacon Theatre in New York hat über drei Stunden gedauert. Das Gleiche gilt für Ihr Konzert hier in Montreal letzten Sommer. Was haben Sie gelernt, als Sie zum ersten Mal seit fünfzehn Jahren wieder auf der Bühne standen?

Bekanntlich lernt Hans nur schlecht, was Hänschen nicht gelernt hat. Ich weiß nicht, ob ich etwas gelernt habe. Aber ich bin dankbar, dass es so gut läuft. Ich habe gute Musiker, tolle Sängerinnen, ein freundliches Publikum, es läuft also wirklich gut. Natürlich gibt es keine Garantie dafür, dass das so weitergeht, denn es gibt immer eine Komponente, über die man keine Kontrolle hat.

Was für eine Komponente?

Eine Form von Gnade, Glück, Geist. Es ist schwierig, den Finger draufzulegen, und das sollte man auch nicht tun. Aber es gibt sie, diese geheimnisvolle Komponente, die einen Abend unvergesslich macht. Wir haben Glück gehabt, um nicht zu sagen, wir sind gesegnet gewesen, denn so ein Abend bedeutet viel mehr, als dass man einfach ein weiteres Konzert absolviert hat. In Austin spielen wir unser hundertstes Konzert, und dann kommen noch mal hundert. Das wird vermutlich bis Ende Oktober gehen.

Sind Sie überrascht darüber, wie gut die Tournee bisher gelaufen ist? Es ist wirtschaftlich ja nicht die beste Zeit dafür. Allerdings sind Sie eine musikalische Legende. Man kennt Sie auf der ganzen Welt. Interessanterweise sind nicht nur Ihre Auftritte in New York, Montreal und Los Angeles ein großer Erfolg, sondern auch in [kleineren kanadischen Städten wie] Saskatoon, Victoria und London, Ontario. Ein jüdischer Junge aus Montreal, der im Jahr 2009 überall ausverkaufte Konzerte gibt ... Wie erklären Sie sich das?

Ich bin, wie gesagt, zunächst einmal einfach dankbar dafür und mag das nicht wirklich analysieren. Sie sind ja selbst Musiker, da wissen Sie, dass man nicht vorhersehen kann, was auf der Bühne passieren wird. Man weiß nie, ob man die Person sein kann, die man sein möchte, oder ob das Publikum die Person mögen wird, die es wahrnimmt. Da sind also viele unbekannte Faktoren im Spiel, es bleibt rätselhaft. Und das ist auch so, wenn Sie ein ziemlich hohes Niveau erreicht haben, wenn alle genug geprobt haben, die Songs kennen. Man weiß trotzdem nie, was passieren wird.

An welchem Punkt Ihres Lebens sehen Sie sich heute? 2001 haben Sie dem *Observer* gegenüber erwähnt, Sie befänden sich im dritten Akt Ihres Lebens, und haben Tennessee Williams [eigentlich Truman Capote] zitiert: Das Leben sei ein recht gelungenes Theaterstück – bis auf den dritten Akt. Als Sie das gesagt haben, waren Sie siebenundsechzig. Heute sind Sie vierundsiebzig. Empfinden Sie das immer noch so?

Der Anfang des dritten Akts scheint mir sehr gelungen. Das Ende des dritten Akts hingegen, in dem der Held stirbt *(lacht)* – denn jeder sieht sich als Hauptfigur seines eigenen

Dramas –, das kann ganz schön schwierig werden, wenn man sich so umsieht. Mein Freund Irving Layton sagte, nicht der Tod mache ihm zu schaffen, sondern das, was ihm vorausgehe.

Und das macht Ihnen auch zu schaffen?

Klar. Und das sollte es auch.

Ich komme später noch mal darauf zurück. Sie akzeptieren Ihre Rolle im dritten Akt, aber lassen Sie uns kurz zum ersten Akt zurückkehren, wenn auch nicht ganz an den Anfang. Ich möchte einsetzen beim Beginn Ihrer Musikerkarriere, denn interessanterweise haben Sie ja nicht als Teenager professionell zu singen und spielen begonnen, sondern erst mit Anfang dreißig. Sie waren damals bekannt als Romancier und Lyriker. Hat Ihnen das keine Angst gemacht, mit dreißig eine neue Laufbahn einzuschlagen?

In jungen Jahren hat mir so ziemlich alles Angst gemacht. Sie sagen, ich hätte als Romancier oder Lyriker Erfolg gehabt, aber das ist ein bisschen hoch gegriffen, wenn man schaut, was das damals in Kanada bedeutete: Wir haben unsere Bücher oft mit Matrizen gedruckt. Verkaufte sich ein Lyrikband zweihundertmal, dann galt er als Bestseller. Man hatte also vielleicht das Gefühl einer Berufung, aber von einer Karriere konnte keine Rede sein. Irgendwann wurde mir klar, dass ich mich ins Zeug legen musste, um über die Runden zu kommen. Wie das gehen sollte, wusste ich nicht. Ich hatte zwei Romane geschrieben, die wohlwollend aufgenommen wurden, aber verkauft haben die sich vielleicht dreitausendmal.

Sie erhielten Auszeichnungen …

Ein, zwei Preise habe ich vielleicht bekommen, und die Kritiken waren gut, aber die Verkäufe waren sehr, sehr bescheiden. Ich musste also wirklich etwas tun, und das Einzige, was ich sonst noch konnte, war Gitarre spielen. Ich machte mich also auf den Weg nach Nashville. Ich mochte Country. Ich dachte, ich könnte dort vielleicht als Gitarrist Arbeit finden. Ich hatte lange in Griechenland gelebt und wusste deshalb nicht, was damals angesagt war. Als ich nach New York kam, stieß ich eher zufällig auf das, was man später als Renaissance des Folk bezeichnete. Da gab es Leute wie Judy Collins, Dave Van Ronk, Bob Dylan und Joan Baez, wunderbare Sängerinnen und Sänger, deren Werk ich nicht kannte. Das hat mich tief bewegt. Ich selbst hatte immer schon kleine Songs geschrieben, hatte aber gedacht, für so etwas gebe es keinen Markt.

Manche Leute würden es wohl komisch finden, dass jemand Musik machen will, um Geld zu verdienen, da dies ja nicht der lukrativste aller Berufe ist.

Nein, im Rückblick kommt es einem wie der schiere Wahnsinn vor, seine Geldprobleme lösen zu wollen, indem man Folksänger wird. Ich hatte ja keine besonders gute Stimme. Und ein besonders guter Gitarrist war ich auch nicht. Ich weiß auch nicht, wie es im Leben zu solchen Sachen kommt. Erfolg und Misserfolg sind in hohem Maße Glücksache.

Man sagt, Sie hätten Songs geschrieben, in die Sie als Sänger sozusagen erst hineingewachsen seien, dass Sie also zu Beginn Ihrer Laufbahn als Musiker Dinge geschrieben hätten, die nicht Ihrem Alter entsprachen. Hatte das etwas damit zu tun, dass Sie nicht mit sieb-

zehn, sondern erst mit Anfang dreißig angefangen haben? Anders gefragt: Wie hat sich die Tatsache, dass Sie Ihre Musikerkarriere als über Dreißigjähriger begonnen haben, darauf ausgewirkt, was Sie geschrieben und wie Sie es präsentiert haben?

Ich habe immer das Gefühl gehabt, dass ich nur ein winzig kleines Gärtchen zu bestellen habe. Ich habe mich nie für einen der Großen gehalten, ich dachte, ich müsse dieses winzige Eckchen des Feldes beackern, von dem ich etwas verstehe, also von Selbsterkundung ohne Selbstverliebtheit. Letztere war mir immer suspekt. Reine Bekenntnisse fand ich nie wirklich interessant, aber Bekenntnisse, gefiltert durch eine Tradition von Handwerkskunst und harter Arbeit, das finde ich interessant. Das also war mein Eckchen, und ich begann, über Dinge zu schreiben, von denen ich etwas zu verstehen glaubte oder über die ich etwas herausfinden wollte. So hat das angefangen. Ich wollte, dass meine Songs klingen wie die Songs aller anderen. Sehr stark beeinflusst haben mich die Stimmen von Backgroundsängerinnen.

Die Stimmen von Backgroundsängerinnen?

Ja, ich mochte Songs, die dieses Feeling hatten, Fünfziger-Jahre-Songs. Ich wollte also so ähnlich klingen. Ich fand meine Stimme unangenehm und hielt es deshalb für nötig, dass sie durch Frauenstimmen versüßt wurde.

Haben Sie das überwunden, dass Sie Ihre Stimme unangenehm finden?

Nein, überhaupt nicht. Noch nicht. Vielleicht später mal.

Sie haben gesagt, Sie hätten vor allem Angst gehabt. Wann haben Sie sich zugestanden, ein Sänger und Musiker zu sein?

Na ja, man durchläuft so Zyklen von Angst und Selbstbewusstsein. Wenn etwas gut läuft, dann genießt man die Vorzüge des Erfolgs. Wenn etwas nicht gut läuft, dann empfindet man Reue. Das hält also bis heute an.

Soll das heißen, Sie zweifeln immer noch an Ihrer Legitimität als Sänger?

Um Legitimität geht es nicht. Ich habe sehr stark das Gefühl, ich existiere. Mehr Legitimität brauche ich nicht. Wenn man aber vor Publikum auftritt, dann gibt es einen Haufen Reaktionen, und mittlerweile habe ich in dieser Beziehung eine dicke Haut. Natürlich mag ich Lob lieber als Kritik, aber ich kann beides verkraften.

Lassen Sie uns noch beim ersten Akt bleiben, aber zu dessen zweiten Teil gehen, in die siebziger Jahre. Da sind Sie recht produktiv, veröffentlichen mehrere Platten ... Viele Ihrer Songs scheinen von Frauen inspiriert zu sein, für Frauen geschrieben zu sein oder von Frauen zu handeln. Ich denke an Suzanne, an Marianne. Sie haben mit großer Ehrfurcht von der Schönheit und Macht der Frauen gesprochen, die Sie inspiriert haben. Sind die Frauen in Ihrem Leben ein Quell der Kraft oder der Schwäche?

Eine gute Frage für jeden Mann. Die Voraussetzungen für Männer und Frauen sind nicht gleich. Von allen menschlichen Aktivitäten ist die Liebe die größte Herausforderung. Wir haben das Gefühl, ohne Liebe nicht leben zu können, dass das Leben ohne Liebe nur wenig Sinn habe. Deshalb betreten wir diese äußerst gefährliche Arena, in der die Möglichkeiten, gedemütigt zu werden und zu scheitern, vielfältig sind. Man kann daraus keine klare Lehre ziehen, da das Herz sich dauernd öffnet und schließt. Es wird mal weicher, mal härter. Ständig erleben wir Freude oder Trauer, es gibt dabei keinen Jackpot zu gewinnen. Man hat also den Mut dazu oder nicht, denn nach einiger Zeit häufen sich die Niederlagen beträchtlich. Ich glaube deshalb, dass Menschen, die weitermachen können, trotz Niederlagen, trotz der Unmöglichkeit, einigermaßen normale Kontakte mit dem anderen zu haben, dass diese Menschen wirklich Glück gehabt haben. Es gibt aber eine Menge Menschen, die dichtmachen. Und es gibt Zeiten im Leben, da muss man dichtmachen, um sich innerlich neu zu ordnen.

Gab es Zeiten, in denen Sie darüber geklagt haben, wie viel Macht Frauen über Sie hatten?

Ich habe das nie so gesehen. Es gab Zeiten, da habe ich geklagt, es gab Zeiten, da habe ich mich gefreut, es gab Zeiten, da war mir alles egal. Wir machen alle möglichen Erfahrungen durch, die ganze Bandbreite, und zwar wegen einander, Männer wegen Frauen, Frauen wegen Männern, wir sind einander der Lebensinhalt. Die meisten Männer tragen eine Frau in ihrem Herzen, und die meisten Frauen tragen einen Mann in ihrem Herzen. Es gibt Menschen, bei denen ist das nicht so. Es gibt Mönche, bei denen ist das nicht so. Doch die meisten von uns träumen letztlich davon, sich jemandem zu ergeben. Doch das sind Träume, manchmal werden sie zunichtegemacht, und manchmal gehen sie in Erfüllung.

Es mag eine banale Frage sein, aber glauben Sie, dass die Liebe uns Kräfte verleiht?

Sie ist etwas Wildes, Heftiges, und so erleben wir Niederlagen, Anerkennung und Glückseligkeit. Hat man eine fixe Vorstellung davon, wird man ganz bestimmt großes Leid erfahren. Glaubt man, es sei ein Zuckerschlecken, wird man mit Sicherheit enttäuscht. Glaubt man, es werde die Hölle sein, kann man Überraschungen erleben.

Sie sind erstmals öffentlich wahrgenommen worden zu einem Zeitpunkt, als freie Liebe und sexuelle Befreiung angesagt waren, und Sie sind bekannt dafür, dass Sie viele intensive Beziehungen mit verschiedenen Frauen hatten. Bereuen Sie manchmal, nie eine Partnerin fürs Leben gefunden zu haben? ***(Cohen beginnt, Édith Piafs »Je ne regrette rien« zu singen.)*** **Nein, kein bisschen?**

Nein. Ich habe nicht das Gefühl, mein Leben sei eine Geschichte, die geschrieben wurde und die ich lese. Ich bin nicht sentimental. Ich bin gesegnet mit beträchtlichem Gedächtnisverlust und kann mich wirklich nicht erinnern, was alles los war. Ich weiß, dass es auf einer zellulären Ebene Spuren hinterlassen hat, von dort aus wirkt, dass es vorhanden ist, aber ich lasse mein Leben nicht Revue passieren.

Ich möchte jetzt zum zweiten Akt kommen. Sie haben klinische Depressionen erwähnt, die Sie gehabt haben, zum Beispiel nach einer so erfolgreichen Platte wie *The Future*, die Sie 1992 aufgenommen haben. War die Auseinandersetzung mit der Depression für Sie ein wichtiger Teil des schöpferischen Prozesses?

Sie war ein Teil jedes Prozesses. Sie war die Hauptaktivität meiner Tage und Nächte. Ich kämpfte gegen ein Überhandnehmen von Angst und Leid, gegen Qualen, die im Hintergrund lauerten und die Oberhand gewannen.

Wie wichtig war das Schreiben für Ihr Überleben?

Es hatte verschiedene Vorteile. Zum Beispiel einen wirtschaftlichen. Schreiben war für mich kein Luxus, sondern eine Notwendigkeit. Doch beim Schreiben, wenn es einem gelingt, die Parolen außer Acht zu lassen, die sich einem aufdrängen, besonders in so politisierten Zeiten wie diesen, in denen Gender Politics und traditionelle Politik und Umweltpolitik ... in denen man über alles nur Gutes sagen darf und auf der richtigen Seite stehen muss. In solchen Zeiten ist es sehr schwierig zu schreiben, weil Parolen den Äther verstopfen.

Was meinen Sie mit »Parolen«?

Na ja, was richtig ist, was die richtige Position ist. Das geht über Political Correctness hinaus. Es ist eine Tyrannei der Einstellung. Eine Tyrannei, die bestimmt, was das Richtige sei. Diese Ideen schwirren heute durch die Luft wie Heuschreckenschwärme. Da ist es schwierig für einen Schriftsteller, festzustellen, was er wirklich denkt über gewisse Dinge, was er wirklich empfindet gegenüber gewissen Dingen. Was mich betrifft, so muss ich eine Strophe schreiben, schauen, ob es eine Parole ist oder nicht, und sie notfalls wegschmeißen. Ich kann sie aber erst wegschmeißen, wenn ich daran gearbeitet und herausgefunden habe, was sie wirklich ist. Ich schreibe also immer wieder Strophen und verwerfe sie, bis ich zu etwas vordringe, das nicht wie eine Parole klingt, nicht wie etwas Einfaches klingt, sondern mich überrascht.

Wenn Sie über diese schwierigen Zeiten nachdenken – und das können Sie ja aus einer komfortablen Situation heraus –, was würden Sie als Ihren absoluten Tiefpunkt bezeichnen?

Das würde ich Ihnen nicht sagen, selbst wenn ich es wüsste. Dazu fällt mir nichts ein. Ich wage nicht … In Zeiten wie diesen über sich selbst zu sprechen, hat etwas von ungesundem Luxus. Es gibt so viel Leid. Von meinem Tiefpunkt zu erzählen, angesichts all dessen, was in so vielen Teilen der Welt los ist, das interessiert mich nicht. Ich glaube nicht, dass ich einen absoluten Tiefpunkt gehabt habe, verglichen mit dem, was so viele Menschen gegenwärtig durchmachen müssen. Massenhaft Menschen flüchten gerade vor Bomben, ihnen werden in Kerkern Fuß- und Zehennägel ausgerissen, sie sind am Verhungern, leiden an Krankheiten. Massenhaft Menschen. Ich finde, wir sollten uns sehr gut überlegen, wie ernst wir unsere eigenen Sorgen nehmen wollen.

Dann frage ich Sie, was Sie anderen sagen würden. Sie kommen ja in Kurt Cobains Song »Pennyroyal Tea« [*In Utero*, 1993] vor: »Give me a Leonard Cohen afterworld / So I can sigh eternally.« [»Gib mir ein Leonard-Cohen-Jenseits / Damit ich ewig seufzen kann.«] Nach seinem Selbstmord in den Neunzigern sagten Sie, Sie hätten sich gewünscht, mit ihm reden zu können, dann hätten Sie ihm etwas mit auf den Weg geben können. Was hätten Sie Kurt Cobain gesagt?

Ich weiß nicht, was ich ihm gesagt hätte. Aber die Gefühle von Einsamkeit und Hoffnungslosigkeit hätten sich vielleicht aufbrechen lassen dadurch, dass jemand da ist, jemand, der all das nachfühlen kann. Du kannst es lesen, dein Leben, doch daran ändern kannst du kein Wort.

Sie grübeln in Ihren Texten seit einiger Zeit über Ihre Sterblichkeit nach. Ich denke an »Tower of Song« [*I'm Your Man*, 1988]. Darin heißt es: »My friends are gone,

my hair is gray / I ache in the places where I used to play.« [»Meine Freunde sind weg, mein Haar ist grau / Wo ich früher gespielt habe, da tut es nur noch weh.«] Das war vor zwanzig Jahren. Wie viel denken Sie heute über Ihre Sterblichkeit nach?

Man entwickelt ein Gefühl dafür. Der Körper schickt einem Botschaften, wenn man älter wird. Ich weiß also nicht, wie viel es mit Nachdenken zu tun hat, denn das wäre ja ein friedliches Anerkennen der Lage. Gelegentlich kommt ein stechender oder ein dumpfer Schmerz und erinnert dich daran, dass es nicht ewig so weitergehen wird. Doch es ist nicht so, dass ich groß darüber nachdenken würde. Mein Freund Irving Layton hat sich sehr viele Gedanken über Unsterblichkeit und Nachruhm gemacht. Wenn ich heute seine Sachen lese, denke ich, er wird das bekommen, was er gewollt hat: kein ewiges Leben durch sein Werk, aber doch ein längeres Leben. Ich dagegen habe mich nie um solche Dinge gekümmert.

Vor ein paar Jahrzehnten wurden Sie in einem Interview für CBC gefragt: »Gibt es Dinge, deren Sie sich heute sicherer sind als als Teenager?« Und da sagten Sie: »Der Tod.« *(Lacht.)* Sie denken schon eine Weile darüber nach. Wie sieht es heute damit aus?

Ob ich sicher bin, dass ich sterben werde? Ja.

Gut gegeben. Kann man sich darauf vorbereiten?

Na ja, wie bei allem kommt da der freie Wille ins Spiel, zumindest in Maßen. Man gibt sich Mühe, um sich auf etwas vorzubereiten, doch wie es herauskommt, das können wir nicht bestimmen. Das heißt, ja, es gibt religiöse und spirituelle Methoden, um sich auf den Tod vorzubereiten, man kann sich darauf einlassen, sie anwenden ... doch eine Garantie, dass sie dann auch funktionieren, gibt es nicht. Denn es weiß eh niemand, was im nächsten Augenblick geschehen wird.

Zurück zur Angst. Haben Sie Angst vor dem Tod?

Ich glaube, jeder vernünftige Mensch hat Angst. Allerdings nicht so sehr vor dem Tod, sondern, wie Layton gesagt hat, vor dem, was ihm vorausgeht. Jeder hat gewisse Ängste, was die Umstände seines Todes betrifft: Wie kommt es dazu, wie groß sind die Schmerzen, was bedeutet es für die Hinterbliebenen? Aber daran ändern kann man kaum etwas. Es ist am besten, diese Sorgen in den dafür bestimmten Fächern seines Geistes abzulegen, damit sie nicht überhandnehmen und alles bestimmen. Wir müssen unser Leben leben, als wäre es wirklich, als stünde das Ende nicht unmittelbar bevor, wir müssen also mit dem leben, was manche Leute als Illusionen bezeichnen.

Kommen wir zum heutigen Zeitpunkt und dem Tennessee-Williams-Zitat [sic] zurück. Sie haben gesagt: »Wie es aufhört, geht niemanden etwas an. Meist sind die Begleitumstände eher unangenehm.«

Ja, so scheint es in der Tat zu sein.

Die jüngsten unangenehmen Begleitumstände, wenn etwas aus dem Jahr 2005 als »jüngst« gelten kann, waren Ihre finanziellen Schwierigkeiten. Sie wurden betrogen von einer Person, mit der Sie viele Jahre eng zusammengearbeitet hatten. War es Ihnen wichtig, sich nach diesem Verlust einen Notgroschen zurückzulegen?

Es war viel dringlicher als das. Es ging ums finanzielle Überleben. Ich habe mich also an die Arbeit gemacht und konnte einiges in Gang setzen. Doch wie gesagt: Sie können sich noch so viel Mühe geben – es gibt keine Garantie, dass das herauskommt, was Sie sich vorgenommen haben. Niemand kann das. Ich habe mich also nach Kräften bemüht, und glücklicherweise gab es dafür eine gewisse finanzielle Entschädigung.

Ihre laufende Tournee ist äußerst lukrativ. Sie scheinen ein sehr bescheidener Mann zu sein. Ihr Haus wirkt auf jeden Fall bescheiden, geradezu spartanisch. Offenbar brauchen Sie nicht viel. Wie wichtig ist Ihnen materieller Reichtum zum gegenwärtigen Zeitpunkt?

Man kann ihn nicht ignorieren. Ich lebe gern einfach, doch nicht, weil das eine Tugend wäre, sondern nur, weil es mir lieber ist. Es gibt Leute, die mögen riesige Marmorhallen und Ballsäle und solche Dinge. So zu wohnen, hat mich nie gereizt. Ich liebe dieses Haus. Es ist im Lauf der Jahre sehr nett gewesen zu mir und meinen Kindern. Man hat einen schönen Ausblick auf den Parc du Portugal. Hier lässt es sich sehr gut wohnen. Es ist einfach, aber so habe ich es eben gern.

Ich möchte kurz auf »Hallelujah« [*Various Positions*, 1984] zu sprechen kommen, denn der Song hat ein interessantes Jahr erlebt. Es war immer schon ein Song, den Kanadier und Menschen überall auf der Welt gesungen haben – Jeff Buckley, Rufus Wainwright, k. d. lang –, doch letzte Weihnachten hat dieser Song einen Schub erfahren. Coverversionen davon nahmen Platz eins und zwei der englischen Charts ein, Ihre eigene Version war 1984 auch unter den Top 40 gewesen. Wie erklären Sie sich das?

Ich habe mich natürlich gefreut, dass der Song aufgegriffen wurde. Das entbehrte nicht einer gewissen Ironie, denn das Album, auf dem er drauf ist, *Various Positions* – dieses Album wollte Sony damals nicht herausbringen, weil die fanden, es sei nicht gut genug. Darauf waren Songs wie »Dance Me to the End of Love«, »Hallelujah« und »If It Be Your Will«, aber man fand, es sei nicht gut genug für den amerikanischen Markt, und hat es nicht veröffentlicht. In meinem Herzen machte sich also ein Anflug von Schadenfreude bemerkbar. Es hat mich gefreut. Aber eben habe ich eine Besprechung des Films *Watchmen* [Comicverfilmung, 2009] gelesen, in dem der Song auch vorkommt. Und der Kritiker schrieb: »Könnten wir bitte ein Moratorium für die Verwendung von ›Hallelujah‹ in Film und Fernsehen haben?« Und mir selbst geht es ähnlich.

Es ist interessant, der Song überwindet Genregrenzen. Es ist kein typischer Popsong, er ist nicht aus der Mode gekommen, scheint vielmehr jedes Jahr noch beliebter zu werden. Ich weiß, dass »Hallelujah« einer Ihrer Lieblingssongs ist.

Ich mag ihn, ich finde ihn gut, aber er wird von zu vielen Leuten gesungen. Ich finde, die sollten ein Weilchen damit aufhören.

Was macht den Zauber von »Hallelujah« aus?

Das weiß ich nicht. Man versucht ja immer, einen guten Song zu schreiben, doch wie bei allem, wofür man sein Bestes gibt, hat man keinen Einfluss auf das, was danach geschieht. Und es hat ja auch lange gedauert. Der Song kam 1983 oder 1984 heraus. Und der Einzige, der damals seine Qualität zu erkennen schien, war Dylan, der ihn dann auch auf Konzerten gesungen hat. Niemand sonst hat seine Qualitäten gesehen bis sehr viel später. Wann kam Jeff Buckley?

1992.

Also fast zehn Jahre später. Ich kannte seinen Vater [den verstorbenen Folksänger Tim Buckley] übrigens sehr gut. Beides prima junge Männer. Und dann hat John Cale, den ich persönlich kannte, mich um Texte gebeten, und ich habe ihm einen ganzen Haufen geschickt. Wo hat er den Song veröffentlicht? Ist seine Version in *Shrek* [2001], oder ist das die von Rufus Wainwright?

Gute Frage. Ich glaube, die von Rufus. Ich glaube, im Film ist aber auch eine von John Cale.

Mag sein. Wie auch immer, beides sehr schöne Coverversionen. Ich glaube, die von John Cale ist im Film und die von Rufus auf dem Soundtrackalbum. Ich war dabei, als k. d. lang »Hallelujah« bei der Veranstaltung der Canadian Songwriters Hall of Fame sang. Das hat mich wirklich berührt.

Betrachten Sie Ihre Songs als Ihr Eigentum? Ist es schon vorgekommen, dass jemand etwas damit angestellt hat, das Ihnen nicht gefiel?

Ich glaube nicht, dass das passiert ist. Meine Karriere ist die meiste Zeit sehr bescheiden gewesen, ich war immer so froh, wenn jemand einen meiner Songs gecovert hat, und diese Freude war stärker als irgendwelche Einwände. Ja, mein kritisches Bewusstsein wurde im Wesentlichen außer Kraft gesetzt, wenn jemand einen meiner Songs interpretierte. Im Großen und Ganzen war ich begeistert. So ist das immer noch.

2001 erzählten Sie, wie gut es Ihnen gefallen habe, die zweiundachtzig Jahre alte Alberta Hunter in New York Liebeslieder singen zu sehen.

Das war toll.

Und Sie sagten damals: »Es gefällt mir sehr, wenn ein alter Sänger, eine alte Sängerin zur Sache kommt, und das möchte ich gern auch einmal tun.«

Das stimmt. Das würde ich gern. Ich glaube, sie war damals zweiundachtzig. Ja, ich würde mich gern mit zweiundachtzig hören. *(Lacht.)* Das wäre gut.

Je älter ich werde, desto lieber höre ich Geschichten älterer Leute zu. Ich lese gerade Irving Laytons Gedichte, vor allem die Gedichte, die er gegen Ende seines Lebens geschrieben hat, und sie sind tiefsinnig und sehr lehrreich, nicht in einem pädagogischen Sinn, sondern im Sinne von Wissen, nach dem unser Herz dürstet.

Sie haben gesagt, Sie würden sich gern mit zweiundachtzig hören. Wie möchten Sie dann klingen?

Wie Alberta Hunter.

(Lacht.) **Da haben Sie ja Ihr Vorbild. Wir haben von drei Akten gesprochen. Gibt es je einen vierten? Ich habe den Eindruck, bei Ihnen ist immer noch eine Menge los.**

Vielleicht gibt es einen vierten Akt. Aber das überlassen wir den Theologen.

Aus dem Englischen von Thomas Bodmer

NACHWEIS

»Wir brauchen Songs, wir haben sie nötig. Im Gespräch mit Christian Fevret, 1988.« Erstmals erschienen unter dem Titel »Jours de Grâce« in: *Les Inrockuptibles*, Ausgabe 10, Februar/März 1988. Copyright © 1988 by Christian Fevret. Abdruck mit freundlicher Genehmigung.

»Ich habe mich nie sonderlich für mich selbst interessiert. Im Gespräch mit Christian Fevret, 1991.« Erstmals erschienen unter dem Titel »Beautiful Loser« in: *Les Inrockuptibles*, Ausgabe 30, Juli 1991. Copyright © 1991 by Christian Fevret. Abdruck mit freundlicher Genehmigung.

»Im Turm des Gesangs. Im Gespräch mit Paul Zollo, 1992.« Erstmals erschienen unter dem Titel »Inside the Tower of Song« in: *SongTalk*, April 1993. Copyright © 1993 by Paul Zollo. Abdruck mit freundlicher Genehmigung.

»Wo die Landschaft in Flammen steht. Im Gespräch mit Alberto Manzano, 1993.« Erstmals erschienen unter dem Titel »The Future« in: *El Europeo*, Frühjahr 1993. Copyright © 1993 by Alberto Manzano. Abdruck mit freundlicher Genehmigung.

»Ich bin der kleine Jude, der die Bibel geschrieben hat. Im Gespräch mit Arthur Kurzweil, 1994.« In Auszügen erstmals erschienen unter dem Titel »I Am the Little Jew Who Wrote the Bible« in: *Jewish Book News*, Januar 1994. Copyright © 1994 by Arthur Kurzweil. Abdruck mit freundlicher Genehmigung.

»Vielleicht gibt es einen vierten Akt. Im Gespräch mit Jian Ghomeshi, 2009.« Erstmals ausgestrahlt in der Sendung Q auf CBC Radio One, 16. April 2009. Copyright © 2009 by Canadian Broadcasting Corporation. Abdruck mit freundlicher Genehmigung.

LEBEN UND WERK

1934 Leonard Norman Cohen wird am 21. September in einem Vorort Montreals in eine wohlhabende und einflussreiche jüdische Familie mit russischen und litauischen Wurzeln geboren.

1944 Cohens Vater Nathan Cohen stirbt, als Leonard neun Jahre alt ist.

1947 Im Alter von dreizehn Jahren lernt Leonard Gitarrespielen, um, wie er selbst sagt, Mädchen zu beeindrucken.

1951 Beginn des Studiums der Englischen Literatur an der McGill University, Montreal, das er vier Jahre später abschließt. Cohen strebt eine Schriftstellerkarriere an, schreibt Gedichte, die er teils in Zeitschriften veröffentlicht, und ist Vorsitzender des Debattierclubs der Universität.

1956 *Let Us Compare Mythologies*, Gedichte.

1960 Cohen lässt sich auf der griechischen Insel Hydra nieder, wo er mit der Norwegerin Marianne Ihlen zusammenlebt.

1961 *The Spice-Box of Earth* erscheint. Der Gedichtband findet auch international Beachtung.

1963 *The Favourite Game* (*Das Lieblingsspiel*, 1972/2009), Roman.

1964 *Flowers for Hitler (Blumen für Hitler*, 1971), Gedichte.

1966 *Beautiful Losers* (*Schöne Verlierer*, 1970/2013), Roman.

1967 Umzug nach New York. Cohen lebt im berühmten Chelsea Hotel, hat Affären mit Joni Mitchell und Janis Joplin. Durchbruch als Singer-Songwriter beim Newport Folk Festival. Der Produzent John Hammond von Columbia Records wird auf ihn aufmerksam. Aus der Zusammenarbeit entsteht Cohens erstes Musikalbum *Songs of Leonard Cohen*.

1969 *Songs from a Room*, Album.

1971 *Songs of Love and Hate*, Album.

1972 Cohen gibt bekannt, sich wieder stärker der Literatur widmen zu wollen. Sein Sohn Adam Cohen wird geboren. Mutter ist die Kalifornierin Suzanne Elrod. *The Energy of Slaves* (*Die Energie von Sklaven*, 1975), Gedichte.

1973 Nach Ausbruch des Jom-Kippur-Kriegs reist Cohen nach Israel, um dort mit verschiedenen Musikern durch den Sinai zu touren, wo er vor israelischen Militärtruppen auftritt.

1974 Suzanne Elrod bringt Cohens zweites Kind, Lorca Cohen, zur Welt. *New Skin for the Old Ceremony*, Album.

1977 Das Album *Death of a Ladies' Man* erscheint, bei dem Cohen mit dem Produzenten Phil

Spector kooperiert. Wegen musikalischer Differenzen kommt es zum Streit, und Spector stellt das Album im Alleingang fertig. Cohen bezeichnet es später als sein schlechtestes Album.

1979 Mit dem Album *Recent Songs* kehrt Cohen zum Folk zurück und wendet sich religiösen Themen zu.

1984 Nach längerer Pause erscheint das Album *Various Positions*, auf dem Cohen diesen Weg weiter beschreitet. Allerdings beginnt er, mit Synthesizern zu experimentieren. *Book of Mercy* (*Wem sonst als Dir*, 1985), Gedichte.

1988 *I'm Your Man*, Album.

1992 *The Future* erscheint, Cohens wohl politischstes Album, in dem er unter anderem den Zweiten Weltkrieg, den Fall der Berliner Mauer und Hiroshima thematisiert.

1993 *Stranger Music. Selected Poems and Songs*, Gedichte.

1994 Cohen zieht sich in ein buddhistisches Kloster in den Bergen bei Los Angeles zurück, wo er sich in den kommenden fünf Jahren der Meditation widmet. Während dieser Zeit wird er unter dem Namen »Jikan« (Der Stille) zum buddhistischen Mönch ordiniert.

2001 *Ten New Songs, Album.*

2004 *Dear Heather*, Album; Cohens spätere Lebensgefährtin Anjani Thomas hat einen starken Gesangsanteil. Der über siebzigjährige Cohen kehrt auf die Bühne zurück, auch aus finanziellen Gründen: Er stellt fest, dass seine Managerin, Kelley Lynch, sein Vermögen in Höhe von mehreren Millionen Dollar veruntreut hat.

2006 *Book of Longing* (*Buch der Sehnsüchte*, 2008), Gedichte und Zeichnungen.

2011 Prinzessin-von-Asturien-Preis. Aufnahme in die American Academy of Arts and Sciences.

2012 *Old Ideas*, Album.

2014 *Popular Problems*, Album.

2016 Am 21. Oktober erscheint das Album *You Want It Darker*. Keine drei Wochen später, am 7. November, stirbt Cohen in Los Angeles, USA.

2019 Posthum erscheint das Album *Thanks for the Dance*, neun Songs, die Cohen in den letzten Tagen seines Lebens »eingesprochen« hat, in Melodien gekleidet von seinem Sohn Adam.

KAMPA SALON

Joni Mitchell
Ich singe meine Sorgen
und male mein Glück
Gespräche mit Malka Marom

Drei lange Interviews hat die Journalistin Malka Marom zwischen 1973 und 2012 mit Joni Mitchell geführt. Das Vertrauen zwischen den beiden Frauen ist groß, und so geht es in diesem Buch um alles: um Mitchells Kindheit in Kanada, ihre Polioerkrankung, ihre Mutter, der sie es nie recht machen konnte, ihre Leidenschaft für die Malerei. Unnachahmlich ehrlich erzählt Mitchell von ihrer frühen Mutterschaft, ihren Lieben, Weggefährten wie Leonard Cohen und Bob Dylan, ihrer Bewunderung für so unterschiedliche Musiker wie Charles Mingus und Whitney Houston, aber auch von ihrer Scheu vor Menschen, dem lauten Leben in L. A., der Stille in ihrem Haus im kanadischen British Columbia, wo nachts die Wölfe ums Haus schleichen – und von ihrer Begeisterung für die Literatur, ob für Nietzsche, der sie zum Lachen bringt, oder für das *I Ging*.

»Die begnadete, furchtlose Musikerin zeigt sich
im Gespräch so brillant wie als Sängerin und Texterin.«
Kirkus Reviews, New York

KAMPA SALON

David Bowie
Stardust Interviews

Ein Leben in Gesprächen

Zusammengestellt von
Cornelia Künne und Juliane Noßack

»Ich glaube nicht, dass irgendetwas von dem, was ich in meinem Leben gesagt habe, zitierwürdig ist«, hat David Bowie einmal behauptet. Zu Unrecht, wie dieses Buch zeigt, in dem Bowie die Stationen seines Lebens besichtigt, die vielen Rollen, die er in Vollendung verkörpert hat. Ob als Major Tom, als Ziggy Stardust oder im Frank-Sinatra-Look als Young American – von niemandem ließ Bowie sich vereinnahmen, den Mainstream mied er wie der Teufel das Weihwasser. Er erzählt von seiner Zeit in London, in New York und den Berliner Jahren, in denen er zu neuen musikalischen Ufern aufbrach und endlich seine Kokainsucht überwand, davon, was das Tragen eines Anzugs für das Selbstverständnis des Trägers bedeutet, und von seiner Leidenschaft für die bildende Kunst – er war ein besessener Sammler und selbst ein begabter Maler. Als er 2003 geadelt werden sollte, lehnte Bowie ab: »Ich sehe nicht, was das bringen soll. Dafür habe ich weiß Gott nicht mein Leben lang gearbeitet.« Mit David Bowies Tod 2016 ging eine Ära zu Ende, die in dieser Interviewsammlung noch einmal zum Leben erweckt wird.

»Fulminant.«
Profil, Wien

KAMPA SALON

Joan Didion
Dinge zurechtrücken
Gespräche aus vierzig Jahren
Zusammengestellt von
Ann Kathrin Doerig

Dieser Band versammelt die besten Gespräche der »Schriftstellerin und Ikone« (*The New Yorker*) aus vier Jahrzehnten. Joan Didion erzählt von ihrer Kindheit in Sacramento, ihrer Studienzeit in Berkeley, den Jahren in New York und Los Angeles. Sie denkt nach über ihre Ehe mit dem Schriftsteller John Gregory Dunne, seinen unerwarteten Tod und den ihrer Tochter Quintana nur zwei Jahre später – Schicksalsschläge, die sie in ihren Erinnerungsbüchern *Das Jahr magischen Denkens* und *Blaue Stunden* verarbeitete, die schon jetzt als Meilensteine des Genres gelten. Aber natürlich geht es in diesen Gesprächen auch um Literatur, um das Schreiben von Romanen, das dem nicht-fiktionaler Texte so gar nicht gleicht, um das Schreiben als Akt der Notwehr, um Politik und Engagement, Sonnenuntergänge an der kalifornischen Küste, lange Spaziergänge durch New York und vieles mehr. Ein reiches Leben ist hier zu besichtigen und das Werk einer Frau, deren Stil wegweisend war und immer noch ist: »Didion still glitters«, schrieb die *New York Times*.

»Ein aufregend schillerndes Bild der Schriftstellerin.«
Frauke Meyer-Gosau / Süddeutsche Zeitung